El Primer

Ronaldo Messi

El Primer Libro de Lectura en Inglés para Principiantes

Bilingüe con Traducción del Inglés al Español

LANGUAGE
PRACTICE
PUBLISHING

Table of contents

Índice

The English Alphabet

Alfabeto Inglés

Letra . . Nombre . . AFI

A . . ei . . /eɪ/

B . . bi . . /bi:/

C . . si . . /si:/

D . . di . . /dɪ/

E . . ii . . /i:/

F . . ef . . /ɛf/

G . . dyi . . /dʒi:/

H . . eitch . . /e:tʃ/

I . . ai . . /aɪ/

J . . dyei . . /dʒeɪ/

K . . kei . . /keɪ/

L . . el . . /ɛl/

M . . em . . /ɛm/

N . . en . . /ɛn/

O . . ou . . /oʊ/

P . . pi . . /pi:/

Q . . kiu . . /kju:/

R . . ar . . /ɑr/

S . . es . . /ɛs/

T . . ti . . /ti:/

U . . yú . . /ju:/

V . . vi . . /vi:/

W . . dabliuu . . /ˈdʌbəl ju:/

X . . eks . . /ɛks/

Y . . guai . . /waɪ/

Z . . zi . . /zɛd/

Fonética inglesa

La mayoría de las letras se pronuncia de manera similar al castellano. Podemos encontrar diferencias importantes en los casos siguientes:

Ch

El **ch** a veces se pronuncia como una **k**: stomach - stomak, chemist - kemist.

A veces como una **tsh**: chip - tship.

Gh

La **gh** a veces se pronuncia como una **f**: cough - couf, laugh - lauf.

Th

La **th** puede pronunciarse como una **d**: the - de, then - den, father - fader.

A veces se pronuncia parecido a una **z**: thief - zief, Catholic - Cazolic.

Principiantes Nivel A1

1

Jorge has a dog
Jorge tiene un perro

 A

Words
Palabras

1. a, an [a + consonantes; an + vocales] [ei, ən] - un, una
2. and [ænd] - y
3. bed, beds [bed, ˈbedz] - cama, camas
4. big [big] - grande
5. bike, bikes [baik, baiks] - bicicleta, bicicletas
6. blue [bluː] - azul
7. book, books [buk, buks] - libro, libros
8. cat, cats [kæt, kæts] - gato, gatos
9. chapter, chapters [ˈtʃæptə, ˈtʃæptəz] - capítulo, capítulos
10. David (name) - David (nombre)
11. do [duː] - hacer
12. dog, dogs [dɔg, dɔgz] - perro, perros
13. dream, dreams [driːm, driːmz] - sueño, sueños
14. eye, eyes [ai, aiz] - ojo, ojos
15. four [fɔː] - cuatro
16. green [ˈgriːn] - verde
17. have [hæv] - tener
18. he [hi] - él
19. hotel, hotels [ˌhouˈtel, ˌhouˈtelz] - hotel, hoteles
20. I [ˈai] - yo
21. Jorge (name) - Jorge (nombre)
22. Kazuki (name) - Kazuki (nombre)
23. little [ˈlitl] - pequeño, pequeña
24. London [ˈlʌndən] - Londres
25. many [ˈmeni] - mucho, mucha

26. my [mai] - mi
27. new [njuː] - nuevo, nueva
28. nice [nais] - bonito, bonita
29. nose, noses [nouz, ˈnouziz] - nariz, narices
30. not [nɔt] - no
31. notebook, notebooks [ˈnoutbuk, ˈnoutbuks] - cuadreno, cuadrenos
32. one [wʌn] - un
33. park, parks [pɑːk, pɑːks] - parque, parques
34. pen, pens [pen, penz] - pluma, plumas
35. she [ʃi] - ella
36. shop, shops [ʃɔp, ʃɔps] - tienda, tiendas
37. star, stars [stɑː, stɑːz] - estrella, estrellas
38. street, streets [striːt, striːts] - calle, calles
39. student, students [ˈstjuːdnt, ˈstjuːdnts] - estudiante, estudiantes
40. table, tables [ˈteibl, ˈteiblz] - mesa, mesas
41. that [ðæt] - aquel
42. these [ðiːz] - estos, estas
43. they [ˈðei] - ellos, ellas
44. this [ðis] - este
45. those [ðouz] - aquellos, aquellas
46. too [tuː] - también
47. window, windows [ˈwindou, ˈwindouz] - ventana, ventanas
48. word, words [ˈwɜːd, ˈwɜːdz] - palabra, palabras

B

Jorge has a dog

1.This student has a book. 2.He has a pen too.

3.London has many streets and parks. 4.This street has new hotels and shops. 5.This hotel has four stars. 6.This hotel has many nice big rooms.

7.That room has many windows. 8.And these rooms do not have many windows. 9.These rooms have four beds. 10.And those rooms have one bed. 11.That room does not have many tables. 12.And those rooms have many big tables.

13.This street does not have hotels. 14.That big shop does not have many windows.

15.These students have notebooks. 16.They have pens too.

17.Jorge has one little black notebook. 18.Kazuki has four new green notebooks.

Jorge tiene un perro

1.Este estudiante tiene un libro. 2.También tiene un lápiz.

3.En Londres hay muchas calles y parques. 4.En esta calle hay nuevos hoteles y tiendas. 5.Este hotel tiene cuatro estrellas. 6.Este hotel tiene muchas habitaciones bonitas y grandes.

7.Aquella habitación tiene muchas ventanas. 8.Y estas habitaciones no tienen muchas ventanas. 9.Estas habitaciones tienen cuatro camas. 10.Y estas habitaciones tienen una cama. 11.Aquella habitación no tiene muchas mesas. 12.Y estas habitaciones tienen muchas mesas grandes.

13.En esta calle no hay hoteles.14.Esta tienda grande tiene muchas ventanas.

15.Estos estudiantes tienen cuadernos. 16.También tienen lápices.

17.Jorge tiene un pequeño cuaderno negro. 18.Kazuki tiene cuatro cuadernos nuevos y verdes.

11

19.This student has a bike. 20.He has a new blue bike. 21.David has a bike too. 22.He has a nice black bike.

23.Kazuki has a dream. 24.I have a dream too.

25.I do not have a dog. 26.I have a cat. 27.My cat has nice green eyes. 28.Jorge does not have a cat. 29.He has a dog. 30.His dog has a little black nose.

19.Este estudiante tiene una bicicleta. 20.Tiene una bicicleta nueva y azul. 21.David también tiene una bicicleta. 22.Tiene una bicicleta bonita y negra.

23.Kazuki tiene un sueño. 24.Yo también tengo un sueño.

25.Yo no tengo perro. 26.Tengo un gato. 27.Mi gato tiene ojos bonitos y verdes. 28.Jorge no tiene gato. 29.Él tiene un perro. 30.Su perro tiene una nariz pequeña y negra.

They live in London (Great Britain)
Ellos viven en Londres (Gran Bretaña)

A

Words
Palabras

1. be [bi] - ser, estar
2. British [ˈbritiʃ] - británico
3. brother [ˈbrʌðə] - hermano
4. buy [bai] - comprar
5. city, cities [ˈsiti, ˈsitiz] - ciudad, ciudades
6. father [ˈfɑːðə] - padre
7. from [frɔm] - de
8. Great Britain [ˈgreit ˈbritn] - Gran Bretaña
9. he, she is [hi, ʃi iz] - él, ella es; él, ella está
10. hungry [ˈhʌŋgri] - hambriento
11. I am [ˈai æm] - yo soy; yo estoy
12. in [in] - en
13. Japan [dʒəˈpæn] - Japón
14. Japanese [ˌdʒæpəˈniːz] - japonés, japonesa
15. Linda (name) - Lina (nombre)
16. live [laiv] - vivir
17. mother [ˈmʌðə] - madre
18. now [nau] - ahora
19. sandwich [ˈsænwidʒ] - emparedado, bocadillo
20. sister [ˈsistə] - hermana
21. Spain [spein] - España
22. Spanish [ˈspæniʃ] - español
23. supermarket [ˈsuːpəmɑːkit] - supermercado
24. two [ˈtuː] - dos
25. United Kingdom [juˈnaitid ˈkiŋdəm] - Reino Unido
26. you are [ju ɑː] - tu eres; tu estás

B

They live in London

1.London is a big city. 2.London is in Great Britain.

3.This is Jorge. 4.Jorge is a student. 5.He is in London now. 6.Jorge is from Spain. 7.He is Spanish. 8.Jorge has a mother, a father, a brother and a sister. 9.They live in Spain.

10.This is Kazuki. 11.Kazuki is a student too. 12.He is from Japan. 13.He is Japanese. 14.Kazuki has a mother, a father and two sisters. 15.They live in Japan.

16.Jorge and Kazuki are in a supermarket now. 17.They are hungry. 18.They buy sandwiches.

19.This is Linda. 20.Linda is English. 21.Linda lives in London too. 22.She is not a student.

23.I am a student. 24.I am from Spain. 25.I am in London now. 26.I am not hungry.

27.You are a student. 28.You are Japanese. 29.You are not in Japan now. 30.You are in Great Britain.

31.We are students. 32.We are in Great Britain now.

33.This is a bike. 34.The bike is blue. 35.The bike is not new.

36.This is a dog. 37.The dog is black. 38.The dog is not big.

39.These are shops. 40.The shops are not big. 41.They are little.

42.That shop has many windows. 43.Those shops do not have many windows.

Ellos viven en Londres

1.Londres es una ciudad grande. 2.Londres está en Gran Bretaña.

3.Este es Jorge. 4.Jorge es estudiante. 5.Ahora está en Londres. 6.Jorge es de España. 7.Es español. 8.Jorge tiene una madre, un padre, un hermano y una hermana. 9.Ellos viven en España.

10.Este es Kazuki. 11.Kazuki también es estudiante. 12.Él es de Japón. 13.Es japonés. 14.Kazuki tiene una madre, un padre y dos hermanas. 15.Ellos viven en Japón.

16.Jorge y Kazuki ahora mismo están en un supermercado. 17.Ellos tienen hambre. 18.Ellos compran bocadillos.

19.Esta es Linda. 20.Linda es inglesa. 21.Linda también vive en Londres. 22.Ella no es estudiante.

23.Yo soy estudiante. 24.Soy de España. 25.Ahora estoy en Londres. 26.Yo no tengo hambre.

27.Tú eres estudiante. 28.Eres japonés. 29.Ahora no estás en Japón. 30.Estás en Gran Bretaña.

31.Nosotros somos estudiantes. 32.Ahora estamos en Gran Bretaña.

33.Esto es una bicicleta. 34.La bicicleta es azul. 35.La bicicleta no es nueva.

36.Esto es un perro. 37.El perro es negro. 38.El perro no es grande.

39.Esto son tiendas. 40.Estas tiendas no son grandes. 41.Son pequeñas.

42.Esta tienda tiene muchas ventanas. 43.Aquellas tiendas no tienen muchas ventanas.

44.That cat is in the room. 45.Those cats are not in the room.

44.Esta gata está en la habitación. 45.Estas gatas no están en la habitación.

3

Are they Mexicans?
¿Son ellos mejicanos?

A

Words
Palabras

1. all [ɔ:l] - todo, toda
2. animal [ˈæniml] - animal
3. at [æt] - en
4. boy [ˌbɔi] - chico
5. café [ˈkæfei] - cafetería
6. coffee [ˈkɔfi] - café
7. how [ˈhau] - cómo
8. how many [ˈhau məni] - cuánto
9. it [it] - lo, la; le, se
10. man [mæn] - hombre

11. map [mæp] - mapa
12. no [nou] - no
13. Spain [spein] - España
14. Spanish [ˈspæniʃ] - español, española
15. the [ði:] - el, la
16. where [weə] - dónde
17. woman [ˈwumən] - mujer
18. yes [jes] - sí

B

Are they Mexicans?	*¿Son ellos mejicanos?*

1

- I am a boy. I am in the room.
- Are you English?
- No, I am not. I am Spanish
- Are you a student?
- Yes, I am. I am a student.

2

- This is a woman. The woman is in the room too.
- Is she Spanish?
- No, she is not. She is English
- Is she a student?
- No, she is not. She is not a student.

3

- This is a man. He is at the table.
- Is he English?
- Yes, he is. He is English.

4

- These are students. They are in the park.
- Are they all English?
- No, they are not. They are from Great Britain, Spain and Japan.

5

- This is a table. It is big.
- Is it new?
- Yes, it is. It is new.

6

- This is a cat. It is in the room.
- Is it black?
- Yes, it is. It is black and nice.

7

- These are bikes. They are at the house.
- Are they black?
- Yes, they are. They are black.

8

- Do you have a notebook?
- Yes, I have.
- How many notebooks do you have?
- I have two notebooks.

1

- *Soy un chico. Estoy en la habitación.*
- *¿Eres inglés?*
- *No, no soy inglés. Soy español.*
- *¿Eres estudiante?*
- *Sí, soy estudiante.*

2

- *Ella es una mujer. La mujer también está en la habitación.*
- *¿Es española?*
- *No, no es española. Es inglésa.*
- *¿Es estudiante?*
- *No, ella no es estudiante.*

3

- *Él es un hombre. Está sentado en la mesa.*
- *¿Es inglés?*
- *Sí, es inglés.*

4

- *Ellos son estudiantes. Están en el parque.*
- *¿Son todos ingleses?*
- *No, no todos son ingleses. Son de Gran Bretaña, España y Japón.*

5

- *Esto es una mesa. Es grande.*
- *¿Es nueva?*
- *Sí, es nueva.*

6

- *Esto es una gata. Está en la habitación.*
- *¿Es negra?*
- *Sí, lo es. Es negra y bonita.*

7

- *Estas son bicicletas. Están al lado de la casa.*
- *¿Son negras?*
- *Sí, son negras.*

8

- *¿Tienes un cuaderno?*
- *Sí.*
- *¿Cuántos cuadernos tienes?*
- *Tengo dos cuadernos.*

9

- Does he have a pen?
- Yes, he has.
- How many pens does he have?
- He has one pen.

10

- Does she have a bike?
- Yes, she has.
- Is her bike blue?
- No, it is not. Her bike is not blue. It is green.

11

- Do you have an English book?
- No, I have not. I do not have an English book. I have no books.

12

- Does she have a cat?
- No, she has not. She does not have an animal.

13

- Do you have a CD player?
- No, we have not. We do not have a CD player.

14

- Where is our map?
- Our map is in the room.
- Is it on the table?
- Yes, it is.

15

- Where are the boys?
- They are in the café.
- Where are the bikes?
- They are at the café.
- Where is Kazuki?
- He is in the café too.

9

- *¿Tiene un lápiz?*
- *Sí.*
- *¿Cuántos lápices tiene?*
- *Tiene un lápiz.*

10

- *¿Tiene una bicicleta?*
- *Sí.*
- *¿Es azul su bicicleta?*
- *No, su bicicleta no es azul. Es verde.*

11

- *¿Tienes un libro en inglés?*
- *No, no tengo ningún libro en inglés. No tengo libros.*

12

- *¿Tiene un gato?*
- *No, no tiene ningún gato. No tiene animales.*

13

- *¿Tenéis un reproductor de CD?*
- *No, no tenemos ningún reproductor de CD.*

14

- *¿Dónde está nuestro mapa?*
- *Nuestro mapa está en la habitación.*
- *¿Está encima de la mesa?*
- *Sí, está encima de la mesa.*

15

- *¿Dónde están los chicos?*
- *Están en la cafetería.*
- *¿Dónde están las bicicletas?*
- *Están delante de la cafetería.*
- *¿Dónde está Kazuki?*
- *También está en la cafetería.*

Can you help me, please?
¿Puede usted ayudarme, por favor?

 A

Words
Palabras

1. address [əˈdres] - dirección
2. bank [bæŋk] - banco
3. but [bʌt] - pero
4. can [kæn] - poder
5. cannot [ˈkænɔt] - no poder
6. CD player [ˌsiːˈdiː ˈpleiə] - reproductor de CD
7. for [fɔː] - por, para
8. go [gou] - ir
9. help [help] - ayudar
10. learn [lɜːn] - aprender
11. may [mei] - poder
12. me [miː] - me
13. must [mʌst] - deber
14. need [niːd] - necesitar
15. place [ˈpleis] - colocar, poner
16. play [ˈplei] - jugar
17. please [pliːz] - por favor
18. read [riːd] - leer
19. sit [sit] - sentarse, estar sentado
20. speak [spiːk] - hablar
21. take [teik] - coger
22. tennis [ˈtenis] - tenis
23. thank you [θæŋk ju] - gracias
24. we [wi] - nosotros
25. write [ˈrait] - escribir

B

Can you help me, please?	**¿Puede usted ayudarme, por favor?**

1

- Can you help me, please?
- Yes, I can.
- I cannot write the address in English. Can you write it for me?
- Yes, I can.
- Thank you.

1

- ¿Me puede ayudar, por favor?
- Sí, puedo.
- No puedo escribir la dirección en inglés, ¿podría escribirla usted?
- Sí, puedo.
- Gracias.

2

- Can you play tennis?
- No, I cannot. But I can learn. Can you help me to learn?
- Yes, I can. I can help you to learn to play tennis.
- Thank you.

2

- ¿Sabes jugar al tenis?
- No, pero puedo aprenderlo. ¿Puedes ayudarme?
- Sí, puedo ayudarte a aprender a jugar al tenis.
- Gracias.

3

- Can you speak English?
- I can speak and read English but I cannot write.
- Can you speak Spanish?
- I can speak, read and write Spanish.
- Can Linda speak Spanish too?
- No, she cannot. She is English.
- Can they speak English?
- Yes, they can a little. They are students and they learn English.
- This boy cannot speak English.

3

- ¿Hablas inglés?
- Puedo hablar y leer en inglés, pero no puedo escribirlo.
- ¿Hablas español?
- Puedo hablar, leer y escribir en español.
- ¿Linda sabe español?
- No, no sabe español. Es inglesa.
- ¿Hablan inglés?
- Sí, un poco. Son estudiantes y aprenden inglés.
- Pero éste chico no habla inglés.

4

- Where are they?
- They play tennis now.
- May we play too?
- Yes, we may.
- Where is Jorge?
- He may be at the café.

4

- ¿Dónde están?
- Están jugando al tenis ahora mismo.
- ¿También podemos jugar?
- Sí, podemos.
- ¿Dónde está Jorge?
- Quizá esté en la cafetería.

5

- Sit at this table, please.
- Thank you. May I place my books on that table?
- Yes, you may.
- May Kazuki sit at his table?
- Yes, he may.

5

- Siéntese en esta mesa, por favor.
- Gracias. ¿Puedo colocar mis libros en esta mesa?
- Sí.
- ¿Puede Kazuki sentarse en su mesa?
- Sí, puede.

6

- May I sit on her bed?
- No, you must not.
- May Linda take his CD player?
- No. She must not take his CD player.

7

- May they take her map?
- No, they may not.

8

You must not sit on her bed.
She must not take his CD player.
They must not take these notebooks.

9

- I must go to the bank.
- Must you go now?
- Yes, I must.

10

- Must you learn Spanish?
- I need not learn Spanish. I must learn English.

- Must she go to the bank?
- No. She need not go to the bank.

11

- May I take this bike?
- No, you must not take this bike.
-May we place these notebooks on her bed?
-No. You must not place the notebooks on her bed.

6

- *¿Puedo sentarme encima de su cama?*
- *No, no puedes.*
- *¿Puede Linda coger su reproductor de CD?*
- *No, no puede coger su reproductor de CD.*

7

- *¿Pueden coger su mapa?*
- *No, no pueden.*

8

No puedes sentarte en su cama.
No puede coger su reproductor de CD.
No pueden coger estos cuadernos.

9

- *Tengo que ir al banco.*
- *¿Tienes que ir ahora?*
- *Sí.*

10

- *¿Tienes que aprender español?*
- *No, no tengo que aprender español. Tengo que aprender inglés.*

- *¿Tiene que ir al banco?*
- *No, no tiene que ir al banco.*

11

- *¿Puedo coger esta bicicleta?*
- *No, no puedes coger esta bicicleta.*
-*¿Podemos colocar estos cuadernos en su cama?*
-*No, no podéis colocar estos cuadernos en su cama.*

Jorge lives in Great Britain now
Jorge vive en Gran Bretaña ahora

A

Words
Palabras

1. any [ˈeni] - alguno, alguna, ninguno, ninguna
2. black [blæk] - negro, negra
3. bread [bred] - pan
4. breakfast [ˈbrekfəst] - desayuno
5. chair [tʃeə] - silla
6. drink [drɪŋk] - beber
7. eat [iːt] - comer
8. eat breakfast [iːt ˈbrekfəst] - desayunar
9. eight [eit] - ocho
10. farm [fɑːm] - granja
11. five [faiv] - cinco
12. furniture [ˈfɜːnitʃə] - mueble
13. girl [gɜːl] - chica
14. good [gud] - bueno, buena
15. like (I like it) [ˈlaik ˈai ˈlaik it] - gustar (esto me gusta)
16. music [ˈmjuːzik] - múscia
17. newspaper [ˈnjuːspeipə] - periódico
18. old [ould] - viejo, vieja
19. on [ɔn] - sobre, en
20. people [ˈpiːpl] - gente
21. seven [ˈsevn] - siete
22. six [siks] - seis
23. some [sʌm] - algunos, algunas
24. square [skweə] - plaza
25. tea [tiː] - té
26. there [ðeə] - allí
27. three [θriː] - tres
28. want [wɔnt] - querer
29. well [wel] - bien

Jorge lives in Great Britain now

Linda reads English well. I read English too. The students go to the park. She goes to the park too.

We live in London. Kazuki lives in London now too. His father and mother live in the Japan. Jorge lives in London now. His father and mother live in Spain.

The students play tennis. Kazuki plays well. Jorge plays not well.

We drink tea. Linda drinks green tea. David drinks black tea. I drink black tea too.

I listen to music. Silvia listens to music too. She likes to listen to good music.

I need six notebooks. David needs seven notebooks. Linda needs eight notebooks.

Silvia wants to drink. I want to drink too. Kazuki wants to eat.

There is a newspaper on the table. Kazuki takes it and reads. He likes to read the newspapers.

There is some furniture in the room. There are six tables and six chairs there.

There are three girls in the room. They eat breakfast. Silvia eats bread and drinks tea. She likes green tea. There are some books on the table. They are not new. They are old.

- Is there a bank in this street?
- Yes, there is. There are five banks in this

Jorge vive en Gran Bretaña ahora

Linda lee bien el inglés. También leo en inglés. Los estudiantes van al parque. Ella también va al parque.

Vivimos en Londres. Kazuki ahora también vive en Londres. Su padre y su madre viven en Japón. Jorge vive en Londres ahora. Su padre y su madre viven en España.

Los estudiantes juegan al tenis. Kazuki juega bien. Jorge no juega bien.

Bebemos té. Linda bebe té verde. David bebe té negro. También bebo té negro.

Escucho música. Silvia también escucha música. A ella le gusta escuchar música buena.

Necesito seis cuadernos. David necesita siete cuadernos. Linda necesita ocho cuadernos.

Silvia quiere beber algo. También quiero beber algo. Kazuki quiere comer algo.

Hay un periódico en la mesa. Kazuki lo coge y lo lee. A él le gusta leer periódicos.

En la habitación hay muebles. Allí hay seis mesas y seis sillas.

Hay tres chicas en la habitación. Están desayunando. Silvia come pan y bebe té. A ella le gusta el té verde. Hay algunos libros en la mesa. No son nuevos. Son viejos.

- ¿Hay un banco en esta calle?
- Sí, hay cinco bancos en esta calle. No son grandes.

street. The banks are not big.

- Are there people in the square?
- Yes, there are. There are some people in the square.

- ¿Hay gente en la plaza?
- Sí, hay gente en la plaza.

- Are there bikes at the café?
- Yes, there are. There are four bikes at the café. They are not new.

- ¿Hay bicicletas delante de la cafetería?
- Sí, hay cuatro bicicletas delante de la cafetería. No son nuevas.

- Is there a hotel in this street?
- No, there is not. There are no hotels in this street.
- Are there any big shops in that street?
- No, there are not. There are no big shops in that street.

- ¿Hay un hotel en esta calle?
- No, no hay hoteles en esta calle.

- ¿Hay tiendas grandes en esta calle?
- No, no hay tiendas grandes en esta calle.

- Are there any farms in Great Britain?
- Yes, there are. There are many farms in Great Britain.

- ¿Hay granjas en Gran Bretaña?
- Sí, hay muchas granjas en Gran Bretaña.

- Is there any furniture in that room?
- Yes, there is. There are four tables and some chairs there.

- ¿Hay muebles en esta habitación?
- Sí, aquí hay cuatro mesas y algunas sillas.

6

Jorge has many friends
Jorge tiene muchos amigos

A

Words
Palabras

1. a lot of [ə lɔt ɔv] - mucho(s)
2. and [ænd] - y
3. as well [əz wel] - también
4. car [kɑː] - coche
5. CD [ˌsiːˈdiː] - CD
6. children [ˈtʃildrən] - niños, niñas
7. clean [kliːn] - limpio
8. coffee [ˈkɔfi] - café
9. come [kʌm] - venir, llegar
10. computer [kəmˈpjuːtə] - ordenador
11. cooker [ˈkukə] - cocina
12. dad [dæd] - padre

13. drive [draiv] - conducir
14. few [fjuː] - pocos, pocas
15. free time [friː ˈtaim] - tiempo libre
16. friend [ˈfrend] - amigo, amiga
17. job [dʒɔb] - empleo
18. job agency [dʒɔb ˈeidʒənsi] - agencia de empleo
19. of [ɔv] - de
20. under [ˈʌndə] - debajo de
21. very [ˈveri] - muy, mucho
22. work [ˈwɜːk] - trabajo

25

B

Jorge has many friends

Jorge has many friends. Jorge's friends come to the café. They like to drink coffee. Jorge's friends drink a lot of coffee.

Kazuki's dad has a car. His dad's car is clean but old. Kazuki's dad drives a lot. He has a good job and he has a lot of work now.

David has a lot of CDs. David's CDs are on his bed. David's CD player is on his bed as well.

Jorge reads English newspapers. There are many newspapers on the table in Jorge's room.

Mary has a cat and a dog. Mary's cat is in the room under the bed. Mary's dog is in the room as well.

There is a man in this car. This man has a map. The man's map is big. This man drives a lot.

I am a student. I have a lot of free time. I go to a job agency. I need a good job.

Kazuki and Jorge have a little free time. They go to the job agency as well. Kazuki has a computer. The agency may give Kazuki a good job.

Linda has a new cooker. Linda's cooker is good and clean. She cooks breakfast for her children. Mary and David are Linda's children. Linda's children drink a lot of tea. The mother drinks a little coffee. Mary's mother can speak very few words in Spanish. She speaks Spanish very little. Linda has a job. She has little free time.

Jorge can speak little English. Jorge

Jorge tiene muchos amigos

Jorge tiene muchos amigos. Los amigos de Jorge van a la cafetería. Les gusta beber café. Los amigos de Jorge beben mucho café.

El padre de Kazuki tiene un coche. El coche de su padre está limpio, pero es viejo. El padre de Kazuki conduce mucho. Tiene un buen empleo y ahora mismo tiene mucho trabajo.

David tiene muchos CD. Los CD de David están encima de su cama. El reproductor de CD de David también está encima de su cama.

Jorge lee periódicos ingleses. En la habitación de Jorge hay muchos periódicos encima de la mesa.

Mary tiene un gato y un perro. El gato de Mary está debajo de la cama en la habitación. El perro de Mary también está en la habitación.

En este coche hay un hombre. El hombre tiene un mapa. El mapa del hombre es grande. Este hombre conduce mucho.

Soy estudiante. Tengo mucho tiempo libre. Voy a una agencia de empleo. Necesito un buen trabajo.

Kazuki y Jorge tienen un poco de tiempo libre. También van a la agencia de empleo. Kazuki tiene un ordenador. Quizá la agencia le dará un buen trabajo.

Linda tiene una cocina nueva. La cocina de Linda es buena y limpia. Linda prepara el desayuno para sus hijos. Mary y David son los hijos de Linda. Los hijos de Linda beben mucho té. La madre bebe un poco de café. La madre de Mary sólo sabe algunas palabras en español. Habla muy poco español. Linda tiene un trabajo. Tiene poco tiempo libre.

Jorge habla un poco de inglés. Jorge sólo sabe

knows very few English words. I know a lot of English words. I can speak English a little. This woman knows many English words. She can speak English well.

James works at a job agency. This job agency is in London. James has a car. James's car is in the street. James has a lot of work. He must go to the agency. He drives there. James comes into the agency. There are a lot of students there. They need jobs. James's job is to help the students.

There is a car at the hotel. The doors of this car are not clean.

Many students live in this hotel. The rooms of the hotel are little but clean. This is Jorge's room. The window of the room is big and clean.

muy pocas palabras en inglés. Conozco muchas palabras en inglés. Hablo un poco de inglés. Esta mujer sabe muchas palabras en inglés. Habla bien el inglés.

James trabaja en una agencia de empleo. Esta agencia de empleo está en Londres. James tiene un coche. El coche de James está en la calle. James tiene mucho trabajo. Tiene que ir a la agencia. Con el coche conduce hacia allí. James llega a la agencia. Allí hay muchos estudiantes. Necesitan trabajo. El trabajo de James es ayudar a los estudiantes.

Delante del hotel hay un coche. Las puertas del coche no están limpias.

En este hotel viven muchos estudiantes. Las habitaciones del hotel son pequeñas, pero limpias. Ésta es la habitación de Jorge. La ventana de la habitación es grande y limpia.

7

David buys a bike
David compra una bicicleta

A

Words
Palabras

1. bath [bɑ:θ] - bañera
2. bathroom [ˈbɑ:θru:m] - (cuarto de) baño
3. bathroom table [ˈbɑ:θru:m ˈteibl] - mesa de baño
4. bus [bʌs] - bus, autobús
5. city centre [ˈsiti ˈsentə] - centro de la ciudad
6. city park [ˈsiti pɑ:k] - parque de la ciudad
7. coffee-maker [ˈkɔfiˌmekə] - cafetera
8. face [feis] - cara
9. firm [fɜ:m] - empresa
10. give [giv] - dar
11. home [houm] - casa
12. into [ˈintə] - en, hacia
13. kitchen [ˈkitʃin] - cocina
14. morning [ˈmɔ:niŋ] - mañana
15. nice [nais] - bueno, buena; agradable
16. one by one [wʌn bai wʌn] - de uno en uno
17. queue [kju:] - cola
18. ride a bike [raid ə baik] - ir en bici
19. Saturday [ˈsætədei] - sábado
20. snack time [snæk ˈtaim] - merienda

21. sport bike [spɔːt baik] - bicicleta deportiva
22. sport shop [spɔːt ʃɔp] - tienda de deportes
23. then [ðen] - entonces, después
24. today [təˈdei] - hoy

25. wash [wɔʃ] - lavarse
26. washer [ˈwɔʃə] - lavadora
27. with [wɪð] - con
28. worker [ˈwɜːkə] - trabajador

B

David buys a bike

It is Saturday morning. David goes to the bathroom. The bathroom is not big. There is a bath, a washer and a bathroom table there. David washes his face. Then he goes to the kitchen. There is a coffe-maker on the kitchen table. David eats his breakfast. David's Saturday breakfast is not big. Then he makes some coffee with the coffee-maker and drinks it. He wants to go to a sport shop today. David goes into the street. He takes bus seven. It takes David a little time to go to the shop by bus.

David goes into the sport shop. He wants to buy a new sport bike. There are a lot of sport bikes there. They are black, blue and green. David likes blue bikes. He wants to buy a blue one. There is a queue in the shop. It takes David a lot of time to buy the bike. Then he goes to the street and rides the bike. He rides to the city centre. Then he rides from the city centre to the city park. It is so nice to ride a new sport bike!

It is Saturday morning but James is in his office. He has a lot of work today. There is a queue to James's office. There are many students and workers in the queue. They need a job. They go one by one into James's room. They speak with James. Then he gives addresses of firms.

It is snack time now. James makes some coffee with the coffee maker. He eats his snack and drinks some coffee. There is no

David compra una bicicleta

Es sábado por la mañana. David va al cuarto de baño. El cuarto de baño no es grande. Allí hay una bañera, una lavadora y una mesa de baño. David se lava la cara. Después va a la cocina. Encima de la mesa de cocina hay una tetera. David desayuna. El desayuno de David no es abundante. Después prepara café con la cafetera y lo bebe. Hoy quiere ir a una tienda de deportes. David sale a la calle. Coge el bus número siete. No le toma mucho tiempo ir en autobús a la tienda.

David entra en la tienda de deportes. Quiere comprarse una bicicleta deportiva nueva. Hay muchas bicicletas deportivas. Son negras, azules y verdes. A David le gustan las bicicletas azules. Quiere comprar una azul. Hay cola en la tienda. David tarda mucho en comprar la bicicleta. Después sale a la calle y va en bici. Va al centro de la ciudad. Después va del centro al parque de la ciudad. ¡Es tan agradable ir en una bicicleta deportiva nueva!

Es sábado por la mañana, pero James está en su despacho. Hoy tiene mucho trabajo. Hay una cola delante de su despacho. Hay muchos estudiantes y trabajadores en la cola. Necesitan trabajo. De uno en uno pasan al despacho de James. Hablan con James. Después les da direcciones de empresas.

Es la hora de la merienda. James prepara café con la cafetera. Come su merienda con café. Ya no queda ninguna cola delante de su

29

queue to his office now. James can go home. He goes into the street. It is so nice today! James goes home. He takes his children and goes to the city park. They have a nice time there.

despacho. James puede irse a casa. Sale a la calle. ¡Hace un día tan bonito! James se va a casa. Recoge a sus hijos y van al parque de la ciudad. Allí pasan un buen rato.

Linda wants to buy a new film
Linda quiere comprar un nuevo DVD

 A

Words
Palabras

1. about [əˈbaut] - sobre
2. adventure [ədˈventʃə] - aventura
3. big, bigger, biggest [big, ˈbigə, ˈbigist] - grande
4. box [bɔks] - caja
5. cup [kʌp] - taza
6. DVD [ˌdiviˈdiː] - DVD
7. favourite [ˈfeivərit] - favorito
8. fifteen [ˌfifˈtiːn] - quince
9. film [film] - película
10. friendly, friendlier, friendliest [ˈfrendli, ˈfrendliə, ˈfrendliist] - simpático
11. go away [gou əˈwei] - irse
12. hand [hænd] - dar
13. interesting [ˈintrəstiŋ] - interesante
14. long, longer, longest [ˈlɔŋ, ˈlɔŋgə, ˈlɔŋgist] - largo
15. much [ˈmʌtʃ] - mucho
16. older [ˈouldə] - mayor
17. romantic [rəˈmæntik] - romántico
18. say [ˈsei] - decir
19. shop assistant [ʃɔp əˈsistənt] - dependienta
20. than [ðæn] - que

21. thank [θæŋk] - agradecer
22. twenty ['twenti] - veinte
23. videocassette ['vidiokæˌset] - cinta de video
24. video-shop - videoclub

25. year ['jiə] - año
26. young, younger, youngest [jʌŋ, 'jʌŋgə, 'jʌŋgist] - joven
27. youngest ['jʌŋgist] - más joven

B

Linda wants to buy a new DVD

David and Mary are Linda's children. Mary is the youngest child. She is five years old. David is fifteen years older than Mary. He is twenty. Mary is much younger than David. Mary, Linda and David are in the kitchen. They drink tea. Mary's cup is big. Linda's cup is bigger. David's cup is the biggest.

Linda has a lot of videocassettes and DVDs with interesting films. She wants to buy a newer film. She goes to a video-shop. There are many boxes with videocassettes and DVDs there. She asks a shop assistant to help her. The shop assistant hands Linda some cassettes. Linda wants to know more about these films but the shop assistant goes away.

There is one more shop assistant in the shop and she is friendlier. She asks Linda about her favorite films. Linda likes romantic films and adventure films. The film "Titanic" is her most favorite film. The shop assistant shows Linda a cassette with the newest Hollywood film "The Spanish Friend". It is about romantic adventures of a man and a young woman in Spain. She shows Linda a DVD with the film "The Firm" as well. The shop assistant says that the film "The Firm" is one of the most interesting films. And it is one of the longest films as well. It is more than three hours long. Linda likes longer films. She buys that "Titanic" is the most interesting

Linda quiere comprar un nuevo DVD

David y Mary son los hijos de Linda. Mary es la más joven. Tiene cinco años. David tiene quince años más que Mary. Tiene veinte años. Mary es mucho más joven que David.

Mary, Linda y David están en la cocina. Beben té. La taza de Mary es grande. La taza de Linda es más grande. La taza de David es la más grande.

Linda tiene muchas cintas de video y DVD con películas interesantes. Quiere comprar una película nueva. Va a un videoclub. Allí hay muchas cajas con cintas de video y DVD. Le pide ayuda a un dependiente de la tienda. El dependiente le da algunas películas a Linda. Linda quiere saber más sobre estas películas, pero el dependiente se va.

Hay otra dependienta en la tienda y es más simpática. Pregunta a Linda cuáles son sus películas favoritas. A Linda le gustan las películas románticas y las películas de aventura. Su película favorita es «Titanic». La dependienta le enseña a Linda un DVD con la película más nueva de Hollywood «El amigo español». Trata de las aventuras románticas de un hombre y una mujer joven en España. También le enseña a Linda el DVD de la película «La Empresa». La dependienta dice que la película «La Empresa» es una de las películas más interesantes. Y también es una de las más largas. Dura más de tres horas. A Linda le gustan las películas largas. Linda dice que «Titanic» es la película más larga e interesante que tiene. Linda compra el DVD de

and the longest film that she has. Linda buys a DVD with the film "The Firm". She thanks the shop assistant and goes.

la película «La Empresa». Le da las gracias a la dependienta y se va.

9

Kasuki listens to Spanish songs
Kazuki escucha canciones españolas

A

Words
Palabras

1. bag [bæg] - bolsa, bolso
2. be ashamed [bi ə'ʃeimd] - estar avergonzado
3. because [bi'kɔz] - porque
4. best [best] - mejor
5. butter ['bʌtə] - mantequilla
6. butter ['bʌtə] - untar con mantequilla
7. call [kɔːl] - llamar
8. call centre [kɔːl 'sentə] - locutorio
9. dorm, dormitory ['dɔːm, 'dɔːmitri] - residencia de estudiantes
10. dress [dres] - vestido
11. every ['evri] - cada
12. family ['fæməli] - familia
13. hat [hæt] - sombrero
14. head [hed] - cabeza
15. head to [hed tuː] - dirigirse
16. her, his [hə, hiz] - su
17. in front of [in frʌnt ɔv] - delante de

18. jump [dʒʌmp] - saltar
19. listen [ˈlisn] - escuchar
20. minute [maiˈnjuːt] - minuto
21. name [ˈneim] - nombrar
22. name [ˈneim] - nombre
23. near [niə] - cercano
24. out of order [ˈaut əv ˈɔːdə] - fuera de servicio
25. phrase [freiz] - frase
26. run [rʌn] - correr
27. simple [ˈsimpl] - sencillo
28. sing [siŋ] - cantar
29. singer [ˈsiŋə] - cantante
30. song [sɔŋ] - canción
31. sport [spɔːt] - deporte
32. take [teik] - tomar
33. telephone [ˈtelifoun] - llamar
34. word [ˈwɜːd] - palabra

B

Kazuki listens to Spanish songs

Silvia is a student. She is twenty years old. Silvia is from Spain. She lives in the student dorms. She is a very nice girl. Silvia has a blue dress on. There is a hat on her head.

Silvia wants to telephone her family today. She heads to the call centre because her telephone is out of order. The call centre is in front of the café. Silvia calls her family. She speaks with her mother and father. The call takes her about five minutes. Then she calls her friend Angela. This call takes her about three minutes.

Jorge likes sport. He runs every morning in the park near the dorms. He runs today too. He jumps as well. His jumps are very long. Kazuki and David run and jump with Jorge. David's jumps are longer. Kazuki's jumps are the longest. He jumps best of all. Then Jorge and Kazuki run to the dorms and David runs home.

Jorge has his breakfast in his room. He takes bread and butter. He makes some coffee with the coffee-maker. Then he butters the bread and eats.

Jorge lives in the dorms in London. His room is near Kazuki's room. Jorge's room

Kazuki escucha canciones españolas

Silvia es estudiante. Tiene veinte años. Silvia es de España. Vive en la residencia de estudiantes. Es una chica muy simpática. Silvia lleva un vestido azul. En la cabeza lleva un sombrero.

Hoy Silvia quiere llamar a su familia. Va a un locutorio, porque su teléfono está fuera de servicio. El locutorio está delante de la cafetería. Silvia llama a su familia. Habla con su madre y con su padre. La llamada dura alrededor de cinco minutos. Después llama a su amiga Ángela. Esta llamada dura alrededor de tres minutos.

A Jorge le gusta el deporte. Cada mañana va a correr en el parque cerca de la residencia. Hoy también va a correr. También salta. Salta muy lejos. Kazuki y David corren y saltan con Jorge. David salta más lejos que Jorge. Kazuki salta lo más lejos. Kazuki es quien mejor salta de todos. Después Jorge y Kazuki corren hacia la residencia y David corre a casa.

Jorge desayuna en su habitación. Toma pan y mantequilla. Prepara café con la cafetera. Después unta el pan con la mantequilla y lo come.

Jorge vive en una residencia de estudiantes en Londres. Su habitación está cerca de la

is not big. It is clean because Jorge cleans it every day. There is a table, a bed, some chairs and some more furniture in his room. Jorge's books and notebooks are on the table. His bag is under the table. The chairs are at the table. Jorge takes some CDs in his hand and heads to Kazuki's because Kazuki wants to listen to Spanish music.

Kazuki is in his room at the table. His cat is under the table. There is some bread before the cat. The cat eats the bread. Jorge hands the CDs to Kazuki. There is the best Spanish music on the CDs. Kazuki wants to know the names of the Spanish singers as well. Jorge names his favorite singers. He names Enrique Iglesias, Alejandro Sanz and Joaquín Sabina. These names are new to Kazuki. He listens to the CDs and then begins to sing the Spanish songs! He likes these songs very much. Kazuki asks Jorge to write the words of the songs. Jorge writes the words of the best Spanish songs for Kazuki. Kazuki says that he wants to learn the words of some songs and asks Jorge to help. Jorge helps Kazuki to learn the Spanish words. It takes a lot of time because Jorge cannot speak English well. Jorge is ashamed. He cannot say some simple phrases! Then Jorge goes to his room and learns English.

habitación de Kazuki. La habitación de Jorge no es grande. Es limpia, porque Jorge la limpia cada día. En su habitación hay una mesa, una cama, algunas sillas y algunos otros muebles. Los libros y cuadernos de Jorge están encima de la mesa. Su bolso está debajo de la mesa. Las sillas están al lado de la mesa. Jorge coge algunos CD y con los CD en la mano va a la habitación de Kazuki, porque Kazuki quiere escuchar música española.

Kazuki está sentado en la mesa en su habitación. Su gato está debajo de la mesa. Delante del gato hay un poco de pan. El gato come el pan. Jorge le da los CD a Kazuki. En los CD hay la mejor música española. Kazuki también quiere saber los nombres de los cantantes españoles. Jorge le dice los nombres de sus cantantes favoritos. Nombra a Enrique Iglesias, Alejandro Sanz y Joaquín Sabina. Estos nombres son nuevos para Kazuki. Escucha los CD y después ¡comienza a cantar las canciones españolas! Las canciones le gustan mucho. Kazuki le pide a Jorge que escriba las letras de las canciones. Jorge escribe las letras de las mejores canciones españolas para Kazuki. Kazuki dice que quiere aprender las letras de algunas canciones y le pide ayuda a Jorge. Jorge ayuda a Kazuki a aprender las letras en español. Tardan mucho porque Jorge no habla bien el inglés. A Jorge le da vergüenza. ¡Ni puede expresar las cosas más sencillas! Después Jorge va a su habitación y se pone a estudiar inglés.

10

Kazuki buys textbooks on design
Kazuki compra libros de texto sobre diseño

A

Words
Palabras

1. book shop [buk ʃɔp] - librería
2. bye [bai] - adiós
3. choose [tʃuːz] - elegir
4. college [ˈkɔlidʒ] - universidad, colegio
5. computer program [kəmˈpjuːtə ˈprougræm] - programa informático
6. cost [kɔst] - costar
7. design [diˈzain] - diseño
8. designer [diˈzainə] - diseñador
9. Europe [ˈjuərəp] - Europa
10. explain [ikˈsplein] - explicar
11. fine [fain] - bueno, fino
12. hello [həˈlou] - hola
13. here [hiə] - aquí

14. how much [ˈhau ˈmʌtʃ] - cuánto
15. Italian [iˈtæljən] - italiano
16. kind [kaind] - tipo
17. lesson [ˈlesn] - lección
18. look at [luk æt] - mirar
19. native [ˈneitiv] - nativo
20. nearby [ˈniəbai] - cercano
21. next [nekst] - siguiente
22. pay [pei] - pagar
23. picture [ˈpiktʃə] - imagen
24. pound sterling [paund ˈstɜːliŋ] - libra esterlina
25. really [ˈriəli] - de verdad, muy
26. red [red] - rojo

27. Saturday [ˈsætədei] - sábado
28. see [ˈsiː] - ver
29. study [ˈstʌdi] - estudiar

30. textbook [ˈteksbuk] - libro de texto
31. there [ðeə] - allí

B

Kazuki buys textbooks on design

Kazuki is Japanese and Japanese is his native language. He studies design at college in London.

It is Saturday today and Kazuki has a lot of free time. He wants to buy some books on design. He goes to the nearby book shop. They may have some textbooks on design. He comes into the shop and looks at the tables with books. A woman comes to Kazuki. She is a shop assistant.

"Hello. Can I help you?" the shop assistant asks him.

"Hello," Kazuki says, "I study design at college. I need some textbooks. Do you have any textbooks on design?" Kazuki asks her.

"What kind of design? We have some textbooks on furniture design, car design, sport design, internet design," she explains to him.

"Can you show me some textbooks on furniture design and internet design?" Kazuki says to her.

"You can choose the books from the next tables. Look at them. This is a book by Italian furniture designer Palatino. This designer explains the design of Italian furniture. He explains the furniture design of Europe and the USA as well. There are some fine pictures there," the shop assistant explains.

"I see there are some lessons in the book too. This book is really good. How much is it?"

Kazuki compra libros de texto sobre diseño

Kazuki es japonés y su lengua materna es el japonés. Estudia diseño en la universidad en Londres.

Hoy es sábado y Kazuki tiene mucho tiempo libre. Quiere comprar algunos libros sobre diseño. Va a una librería cercana. Allí podría haber libros especializados en diseño. Entra en la tienda y mira los libros que hay encima de una mesa. Una mujer se acerca a Kazuki. Es la dependienta.

–Hola, ¿le puedo ayudar? –le pregunta la dependienta.

–Hola –dice Kazuki–, soy estudiante de diseño en la universidad. Necesito algunos libros especializados. ¿Tiene algunos libros especializados en diseño? –le pregunta.

–¿Qué tipo de diseño? Tenemos libros especializados en diseño de muebles, de coches, diseño deportivo o de aplicaciones informáticas –le explica la dependienta.

–¿Me puede enseñar los libros sobre diseño de muebles y sobre las aplicaciones informáticas? –le pregunta Kazuki.

–Puede elegir entre los libros encima de estas mesas. Mírelos. Éste es un libro de Palatino, un diseñador de muebles italiano. Éste diseñador explica el diseño de muebles italianos. También explica el diseño de muebles europeos y estadounidenses. En el libro hay algunas fotografías muy buenas –le explica la dependienta.

–Veo que el libro también incluye ejercicios. Este libro es muy bueno. ¿Cuánto cuesta? –le

Kazuki asks her.

"It costs 52 pounds. And with the book you have a CD. There is a computer program for furniture design on the CD," the shop assistant says to him.

"I really like it," Kazuki says.

"You can see some textbooks on internet design there," the woman explains to him, "This book is about the computer program Microsoft Office. And these books are about the computer program Flash. Look at this red book. It is about Flash and it has some interesting lessons. Choose, please."

"How much is this red book?" Kazuki asks her.

"This book, with two CDs, costs only 43 pounds," the shop assistant says to him.

"I want to buy this book by Palatino about furniture design and this red book about Flash. How much must I pay for them?" Kazuki asks.

"You need to pay 95 pounds for these two books," the shop assistant says to him.

Kazuki pays. Then he takes the books and the CDs.

"Bye," the shop assistant says to him.

"Bye," Kazuki says to her and goes into the street.

pregunta Kazuki.

–Cuesta cincuenta y dos libras. El libro incluye un CD. Se trata de un programa informático para el diseño de muebles –dice la dependienta.

–Me gusta mucho –dice Kazuki.

–Allí puede ver algunos libros especializado en el diseño de aplicaciones informáticas –le explica la mujer–. Este libro trata del programa Microsoft Office. Y estos libros tratan del programa Flash. Mire el libro rojo. Trata de Flash e incluye algunas lecciones interesantes. Ahora puede elegir.

–¿Cuánto cuesta el libro rojo? –le pregunta Kazuki.

–Este libro con dos CD sólo cuesta cuarenta y tres libras –dice la dependienta.

–Quiero comprar el libro de Palatino sobre el diseño de muebles y el libro rojo sobre Flash. ¿Cuánto valen? –pregunta Kazuki.

–Los dos libros cuestan noventa y cinco libras –dice la dependienta.

Kazuki paga. Después coge los libros y los CD.

–Adiós –le dice la dependienta.

–Adiós –dice Kazuki y se va.

Jorge wants to earn some money (part 1)
Jorge quiere ganar algo de dinero (parte 1)

A

Words
Palabras

1. answer ['ɑːnsə] - responder
2. better ['betə] - mejor
3. but [bʌt] - pero
4. continue [kənˈtinjuː] - continuar
5. daily ['deili] - diario
6. department [diˈpɑːtmənt] - departamento
7. door [dɔː] - puerta
8. earn [ɜːn] - ganar
9. energy ['enədʒi] - energía
10. English ['iŋgliʃ] - inglés
11. finish ['finiʃ] - terminar
12. hard [hɑːd] - duro
13. head [hed] - jefe
14. hour ['auə] - hora
15. hourly ['auəli] - cada hora
16. kilogram ['kiləgræm] - kilogramo
17. load [loud] - carga
18. loader ['loudə] - cargador
19. loading list ['loudiŋ list] - lista de carga
20. money ['mʌni] - dinero
21. my [mai] - mi
22. note [nout] - nota
23. o'clock: it's one o'clock [əˈklɔk: its wʌn əˈklɔk] - hora: es la una
24. OK [ˌouˈkei] - vale
25. part [pɑːt] - parte
26. per [pɜː] - por

27. quickly [ˈkwɪkli] - rápidamente
28. transport firm [trænsˈpɔːt fɜːm] - empresa de transporte
29. truck [trʌk] - camión
30. usually [ˈjuːʒəli] - normalmente

31. what [ˈwɒt] - qué
32. work [ˈwɜːk] - trabajar
33. your [jə] - tu(s)

 B

Jorge wants to earn some money (part 1)

Jorge has free time daily after college. He wants to earn some money. He heads to a job agency. They give him the address of a transport firm. The transport firm Rapid needs a loader. This work is really hard. But they pay eleven pounds per hour. Jorge wants to take this job. So he goes to the office of the transport firm.

"Hello. I have a note for you from a job agency," Jorge says to a woman in the personnel department of the firm. He gives her the note.

"Hello," the woman says, "My name is Virginia Stone. I am the head of the personnel department. What is your name?"

"My name is Jorge Fernández," Jorge says.

"Are you English?" Virginia asks.

"No. I am Spanish," Jorge answers.

"Can you speak and read English well?" she asks.

"Yes, I can," he says.

"How old are you, Jorge?" she asks.

"I am twenty years old," Jorge answers.

"Do you want to work at the transport firm as a loader?" the head of the personnel department asks him.

Jorge is ashamed to say that he cannot have

Jorge quiere ganar algo de dinero (parte 1)

Cada día, después de la universidad, Jorge tiene la tarde libre. Quiere ganar un poco de dinero. Va a una agencia de empleo. La dan la dirección de una empresa de transporte. La empresa de transporte Rapid necesita un cargador. El trabajo es realmente duro. Pero pagan once libras la hora. Jorge quiere coger el trabajo. Así que se dirige al despacho de la empresa de transporte.

–Hola. En la agencia de empleo me han dado una hoja para entregársela –le dice Jorge a una mujer del departamento de recursos humanos de la empresa. Le da la hoja.

–Hola –dice la mujer–. Soy Virginia Stone. Soy la jefa del departamento de recursos humanos. ¿Cómo se llama?

–Me llamo Jorge Fernández –dice Jorge.

–¿Es inglés? –pregunta Virginia.

–No, soy español –responde Jorge.

–Puede hablar y escribir bien en inglés? –le pregunta.

–Sí –contesta Jorge.

–¿Cuántos años tiene? –le pregunta.

–Tengo veinte años –contesta Jorge.

–¿Quiere trabajar como cargador en esta empresa de transporte? –le pregunta la jefa del departamento de recursos humanos.

A Jorge le da vergüenza admitir que no puede

41

a better job because he cannot speak English well. So he says: "I want to earn eleven pounds per hour."

"Well-well," Virginia says, "Our transport firm usually does not have much loading work. But now we really need one more loader. Can you load quickly boxes with twenty kilograms of load?"

"Yes, I can. I have a lot of energy," Jorge answers.

"We need a loader daily for three hours. Can you work from four to seven o'clock?" she asks.

"Yes, my lessons finish at one o'clock," the student answers to her.

"When can you begin the work?" the head of the personnel department asks him.

"I can begin now," Jorge answers.

"Well. Look at this loading list. There are some names of firms and shops in the list," Virginia explains, "Every firm and shop has some numbers. They are numbers of the boxes. And these are numbers of the trucks where you must load these boxes. The trucks come and go hourly. So you need to work quickly. OK?"

"OK," Jorge answers, not understanding Virginia well.

"Now take this loading list and go to the loading door number three," the head of the personnel department says to Jorge. Jorge takes the loading list and goes to work.

(to be continued)

optar por ningún trabajo mejor, ya que no habla bien el inglés. Así que le dice: –Quiero ganar once libras por hora.

–Pues bien –dice Virginia–. Normalmente no tenemos que cargar muchas mercancías, pero ahora mismo necesitamos un cargador. ¿Puede cargar rápido cajas de veinte kilos?

–Sí, puedo hacerlo. Tengo mucha energía –responde Jorge.

–Necesitamos un cargador para tres horas al día. ¿Puede trabajar de cuatro a siete? –pregunta la jefa.

–Sí, mis clases terminan a la una –responde el estudiante.

–¿Cuándo podría empezar a trabajar? –le pregunta la jefa del departamento de recursos humanos. –Podría empezar ahora mismo –responde Jorge.

–Bien. Mire esta lista de carga. Hay los nombres de empresas y tiendas apuntados –explica Virginia–. Al lado de cada empresa y de cada tienda hay algunos números. Estos son los números de las cajas. Y estos son los números de los camiones, en los que tiene que cargar las cajas. Cada hora entran y salen camiones. Así que tiene que trabajar rápido. ¿De acuerdo?

–De acuerdo –contesta Jorge, sin haber entendido muy bien a Virginia.

–Ahora tome esta lista de carga y vaya a la puerta de carga número tres –dice la jefa del departamento de recursos humanos a Jorge. Jorge coge la lista de carga y se va a trabajar.

(continuará)

12

Jorge wants to earn some money (part 2)
Jorge quiere ganar algo de dinero (parte 2)

A

Words
Palabras

1. bad [bæd] - malo
2. be sorry [bi ˈsɔri] - sentir
3. bring back [briŋ ˈbæk] - devolver
4. come back [kʌm ˈbæk] - volver
5. correct [kəˈrekt] - correcto
6. get up [ˈget ʌp] - levantarse
7. hate [heit] - odiar
8. incorrect [ˌinkəˈrekt] - incorrecto
9. instead [inˈsted] - en lugar de
10. meet [miːt] - conocer
11. Monday [ˈmʌndei] - lunes
12. office [ˈɔfis] - despacho
13. please [pliːz] - por favor
14. reason [ˈriːzən] - razón
15. son [sʌn] - hijo
16. teacher [ˈtiːtʃə] - profesor
17. time [ˈtaim] - tiempo, hora
18. wake up [weik ʌp] - despertar
19. why [wai] - por qué

B

Jorge wants to earn some money

(part 2)

There are many trucks at the loading door number three. They come back bringing back their loads. The head of the personnel department and the head of the firm come there. They come to Jorge. Jorge loads boxes in a truck. He works quickly.

"Hey, Jorge! Please, come here!" Virginia calls him, "This is the head of the firm, Mr. Walker."

"I am glad to meet you," Jorge says coming to them.

"I too," Mr. Walker answers, "Where is your loading list?"

"It is here," Jorge gives him the loading list.

"Well-well," Mr. Walker says looking in the list, "Look at these trucks. They come back bringing back their loads because you load the boxes incorrectly. The boxes with books go to a furniture shop instead of the book shop, the boxes with videocassettes and DVDs go to a café instead of the video shop, and the boxes with sandwiches go to a video shop instead of the café! It is bad work! Sorry but you cannot work at our firm," Mr. Walker says and walks back to the office.

Jorge cannot load boxes correctly because he can read and understand very few English words. Virginia looks at him. Jorge is ashamed.

"Jorge, you can learn English better and then come again. OK?" Virginia says.

"OK," Jorge answers, "Bye Virginia."

Jorge quiere ganar algo de dinero

(parte 2)

En la puerta de carga número tres hay muchos camiones. Están volviendo con su carga. La jefa del departamento de recursos humanos y el jefe de la empresa se dirigen hacia allí. Se acercan a Jorge. Jorge está cargando un camión con cajas. Está trabajando rápidamente.

–¡Oye, Jorge! ¡Ven aquí, por favor! –grita Virginia–. Te presento al jefe de la empresa, Señor Walker.

–Encantado de conocerle –dice Jorge, acercándose a ellos.

–Igualmente –dice el Señor Walker–, ¿Dónde está su lista de carga?

–Aquí está –Jorge le da la lista de carga.

–Bueno –dice el Señor Walker, mientras mira la lista–. ¿Ve estos camiones? Están devolviendo su carga porque se ha equivocado al cargar las cajas. Las cajas con libros iban a una tienda de muebles en lugar de una librería, las cajas con vídeos y DVD iban a una cafetería en lugar de un videoclub y las cajas con bocadillos iban a un videoclub en lugar de una cafetería. ¡Ha hecho un mal trabajo! Lo siento, pero no puede seguir trabajando en esta empresa –dice el Señor Walker y vuelve a su despacho.

Jorge se ha equivocado al cargar las cajas porque no puede leer ni entender muy bien el inglés. Virginia le mira. A Jorge le da vergüenza.

–Jorge, puedes mejorar tu inglés y después podrás volver a trabajar aquí, ¿vale? –dice Virginia.

–Vale –contesta Jorge–. Adiós, Virginia.

"Bye Jorge," Virginia answers.

Jorge walks home. He wants to learn English better now and then take a new job.

It is time to go to college

Monday morning, a mother comes into the room to wake up her son.

"Get up, it is seven o'clock. It is time to go to college!"

"But why, Mom? I don't want to go."

"Name me two reasons why you don't want to go," the mother says to the son.

"The students hate me for one and the teachers hate me too!"

"Oh, they are not reasons not to go to college. Get up!"

"OK. Name me two reasons why I must go to college," he says to his mother.

"Well, for one, you are 55 years old. And for two, you are the head of the college! Get up now!"

–Adiós, Jorge –contesta Virginia.

Jorge vuelve a su casa. Ahora quiere mejorar su inglés y después quiere buscarse un trabajo nuevo.

Es hora de ir a la Universidad

Un lunes por la mañana la madre entra en la habitación para despertar a su hijo.

–Levántate, son las siete. ¡Es hora de ir a la universidad!

–Pero, ¿por qué? No quiero ir.

–Dime dos razones por las cuáles no quieres ir –le dice la madre a su hijo.

–¡Los estudiantes me odian y los profesores también!

–Oh, estas no son razones para no ir a la universidad. ¡Levántate!

–Bueno. Dime dos razones por las cuáles tengo que ir a la universidad –le dice el hijo a su madre.

–Pues, primero porque tienes cincuenta y cinco años. ¡Y segundo porque eres el rector de la universidad! ¡Levántate ya!

* * *

Principiantes avanzados Nivel A2

13

The name of the hotel
El nombre del hotel

A

Words

1. across [əˈkrɔs] - a través de
2. advert [ˈædvɜːt] - anuncio
3. already [ɔːlˈredi] - ya
4. angry [ˈæŋgri] - enfadado
5. another [əˈnʌðə] - otro
6. be surprised [bi səˈpraizd] - sorprendido
7. bridge [bridʒ] - puente
8. building [ˈbildiŋ] - edificio
9. corridor [ˈkɔridɔː] - pasillo
10. down [daun] - abajo
11. drive away [draiv əˈwei] - alejar
12. find [faind] - encontrar
13. go back [gou ˈbæk] - volver
14. hall [hɔːl] - vestíbulo
15. hotel [ˌhouˈtel] - hotel
16. lake [leik] - lago

17. lift [lift] - ascensor
18. night [nait] - noche
19. on foot [ɔn fut] - a pie
20. open [ˈoupən] - abierto, abrir
21. Poland [ˈpoulənd] - Polonia
22. round [ˈraund] - redondo
23. show [ʃou] - enseñar
24. silly [ˈsili] - tonto
25. sleep [sliːp] - dormir
26. smile [smail] - sonreir
27. stop [stɔp] - parar
28. taxi [ˈtæksi] - taxi
29. through [θruː] - por, a través de
30. tired [ˈtaiəd] - cansado
31. understand [ˌʌndəˈstænd] - entender
32. way [ˈwei] - camino

B

The name of the hotel

This is a student. His name is Kasper. Kasper is from Poland. He cannot speak English. He wants to learn English at a college in Great Britain. Kasper lives in a hotel in London now.

He is in his room now. He looks at the map. This map is very good. Kasper sees streets, squares and shops on the map. He goes out of the room and through the long corridor to the lift. The lift takes him down. Kasper goes through the big hall and out of the hotel. He stops near the hotel and writes the name of the hotel into his notebook.

There is a round square and a lake at the hotel. Kasper goes across the square to the lake. He walks round the lake to the bridge. Many cars, trucks and people go over the bridge. Kasper goes under the bridge. Then he walks along a street to the city centre. He goes past many nice buildings.

It is evening already. Kasper is tired and he wants to go back to the hotel. He stops a taxi, then opens his notebook and shows the name of the hotel to the taxi driver. The taxi driver looks in the notebook, smiles and drives away. Kasper cannot understand it. He stands and looks in his notebook. Then he stops another taxi and shows the name of the hotel to the taxi driver again. The driver looks in the notebook. Then he looks at Kasper, smiles and drives away too.

Kasper is surprised. He stops another taxi. But this taxi drives away too. Kasper cannot understand it. He is surprised and angry. But he is not silly. He opens his map and finds the way to the hotel. He comes back to the hotel on foot. It is night. Kasper is in his bed. He sleeps. The stars look in the room through the window. The notebook is on the table. It is open. "Ford is the best car". This is not the name of the hotel. This is an advert on the building of the hotel.

El nombre del hotel

Este es un estudiante. Se llama Kasper. Kasper es de Polonia. No sabe hablar inglés. Quiere aprender inglés en una universidad de Gran Bretaña. Ahora Kasper vive en un hotel en Londres. Ahora mismo está en la habitación. Está mirando el mapa. El mapa es muy bueno. Kasper puede ver calles, plazas y tiendas en el mapa. Sale de la habitación y pasa por un pasillo largo hasta llegar al ascensor. Con el ascensor baja hacia abajo. Kasper atraviesa el vestíbulo y sale del hotel. Se para cerca del hotel y apunta el nombre del hotel en su cuaderno.

Cerca del hotel hay una plaza redonda y un lago. Kasper cruza la plaza para llegar al lago. Da la vuelta al lago y se acerca a un puente. Muchos coches, camiones y personas cruzan el puente. Kasper cruza debajo del puente. Después sigue una calle que le lleva al centro de la ciudad. Pasa por delante de muchos edificios bonitos.

Ya se ha hecho tarde. Kasper está cansado y quiere volver al hotel. Para un taxi, abre su cuaderno y le enseña el nombre del hotel al taxista. El taxista mira lo que pone en el cuaderno, sonríe y se va. Kasper no entiende nada. Se detiene y mira lo que pone en su cuaderno. Después para otro taxi y también le enseña el nombre del hotel al taxista. El taxista mira lo que pone en el cuaderno. Después mira a Kasper, sonríe y también se va.

Kasper está sorprendido. Para otro taxi. Pero este taxista también se va. Kasper no lo puede entender. Está sorprendido y enfadado. Pero no es tonto. Abre su mapa y busca el camino hacia el hotel. Vuelve al hotel a pie.

Es de noche. Kasper está en la cama. Está durmiendo. La luz de las estrellas entra por la ventana en la habitación. El cuaderno está encima de la mesa. Está abierto. «Ford es el mejor coche.» Esto no es el nombre del hotel. Es un anuncio en la fachada del hotel.

14

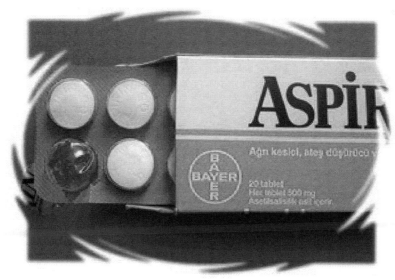

Aspirin
Aspirina

A

Words

1. again [əˈgen] - otra vez
2. again and again [əˈgen ənd əˈgen] - una y otra vez
3. at half past [ət hɑːf pɑːst] - a y media
4. at last [ət lɑːst] - finalmente, al fin
5. begin [biˈgin] - comenzar
6. break [breik] - descanso
7. chemical [ˈkemikl] - químico
8. chemistry [ˈkemistri] - química
9. classroom [ˈklæsruːm] - clase
10. crystal [ˈkristl] - cristal
11. desk [desk] - mesa
12. eight [eit] - ocho
13. get [ˈget] - obtener
14. grey [grei] - gris
15. guy [gai] - chico, tio
16. know [nou] - saber
17. language [ˈlæŋgwidʒ] - lengua

18. make [ˈmeik] - producir, fabricar
19. of course [əv kɔːs] - claro
20. often [ˈɔfn] - a menudo
21. outside [ˌautˈsaid] - fuera
22. paper [ˈpeipə] - papel
23. pass [pɑːs] - aprobar
24. pharmacy [ˈfɑːməsi] - farmacia
25. pill [pil] - comprimido
26. problem [ˈprɔbləm] - problema
27. sheet [ʃiːt] - hoja
28. sit down [sit daun] - sentarse
29. smart [smɑːt] - inteligente
30. something [ˈsʌmθiŋ] - algo
31. stand up [stænd ʌp] - levantarse
32. stink [stiŋk] - oler mal
33. surprise [səˈpraiz] - sorpresa
34. task [tɑːsk] - tarea
35. test [ˈtest] - examen

36. think [ˈθiŋk] - pensar
37. try [ˈtrai] - intentar
38. twelve [twelv] - doce
39. watch [wɔtʃ] - reloj

40. white [wait] - blanco
41. wonderful [ˈwʌndəfəl] - maravilloso

B

Aspirin

This is Jorge's friend. His name is Kazuki. Kazuki is from Japan. Japanese is his native language. He can speak English very well too. Kazuki lives in the dorms. Kazuki is in his room now. Kazuki has a chemistry test today. He looks at his watch. It is eight o'clock. It is time to go. Kazuki goes outside. He goes to the college. The college is near the dorms. It takes him about ten minutes to go to the college. Kazuki comes to the chemistry classroom. He opens the door and looks into the classroom. There are some students and the teacher there. Kazuki comes into the classroom.

"Hello," he says.

"Hello," the teacher and the students answer. Kazuki comes to his desk and sits down. The chemistry test begins at half past eight. The teacher comes to Kazuki's desk.

"Here is your task," the teacher says. Then he gives Kazuki a sheet of paper with the task, "You must make aspirin. You can work from half past eight to twelve o'clock. Begin, please," the teacher says.

Kazuki knows this task. He takes some chemicals and begins. He works for ten minutes. At last he gets something grey and stinking. This is not good aspirin. Kazuki knows that he must get big white crystals of aspirin. Then he tries again and again. Kazuki works for an hour but he gets something grey and stinking again.

Kazuki is angry and tired. He cannot understand it. He stops and thinks a little. Kazuki is a smart guy. He thinks for a minute and then finds the answer! He stands up.

"May I have a break for ten minutes?" Kazuki asks the teacher.

Aspirina

Este es un amigo de Jorge. Se llama Kazuki. Es de Japón. Su lengua materna es el japonés. También habla muy bien el inglés. Kazuki vive en una residencia de estudiantes. Ahora mismo Kazuki está en su habitación. Hoy Kazuki tiene un examen de química. Mira su reloj. Son las ocho. Es la hora de irse. Kazuki sale fuera. Va a la universidad. La universidad está cerca de la residencia. Necesita alrededor de diez minutos para llegar a la universidad. Kazuki llega a la clase. Abre la puerta y mira la clase. Hay algunos estudiantes y el profesor. Kazuki entra en la clase.

–Hola –dice.

–Hola –contestan el profesor y los estudiantes.

Kazuki va a su mesa y se sienta. El examen comienza a las ocho y media. El profesor se acerca a la mesa de Kazuki. –Esta es tu tarea –dice el profesor. Después le da la hoja con el enunciado a Kazuki. –Tienes que producir aspirina. Puedes trabajar de ocho y media hasta las doce. Puedes comenzar –dice el profesor.

Kazuki sabe cómo cumplir la tarea. Coge algunos productos químicos y comienza. Trabaja durante diez minutos. Al final obtiene algo gris y maloliente. No es buena aspirina. Kazuki sabe que tiene que obtener cristales grandes y blancos de aspirina. Lo vuelve a intentar una y otra vez. Kazuki trabaja durante una hora, pero el resultado final siempre es gris y maloliente.

Kazuki está enfadado y cansado. No lo puede entender. Hace una pausa y piensa un poco. Kazuki es inteligente. Piensa algunos minutos y después ¡encuentra la solución! Se levanta.

–¿Puedo hacer una pausa de diez minutos? –

"Of course, you may," the teacher answers. Kazuki goes outside. He finds a pharmacy near the college. He comes in and buys some pills of aspirin. In ten minutes he comes back to the classroom. The students sit and work. Kazuki sits down.

"May I finish the test?" Kazuki says to the teacher in five minutes.

The teacher comes to Kazuki's desk. He sees big white crystals of aspirin. The teacher stops in surprise. He stands and looks at the aspirin for a minute.

"It is wonderful! Your aspirin is so nice! But I cannot understand it! I often try to get aspirin and I only get something grey and stinking," the teacher says, "You passed the test," he says.

Kazuki goes away after the test. The teacher sees something white at Kazuki's desk. He comes to the desk and finds the paper from the aspirin pills.

"Smart guy. Ok, Kazuki. Now you have a problem," the teacher says.

le pregunta al profesor.

–Sí, claro –le contesta el profesor.

Kazuki sale fuera. Encuentra una farmacia cerca de la universidad. Entra y compra algunos comprimidos de aspirina. Después de diez minutos vuelve a la clase. Los estudiantes están sentados y están trabajando. Kazuki se sienta.

–¿Puedo terminar el examen? –Kazuki le pregunta al profesor después de cinco minutos. El profesor se acerca a la mesa de Kazuki. Ve cristales grandes y blancos de aspirina. El profesor está sorprendido. Se para y mira la aspirina durante un rato.

–¡Maravilloso! ¡Tu aspirina es magnífica! ¡Pero no lo entiendo! Muchas veces intento producir aspirina, pero todo lo que consigo es algo gris y maloliente –dice el profesor–. Has aprobado el examen.

Después del examen Kazuki se va. El profesor ve algo blanco en la mesa de Kazuki. Se acerca a la mesa y encuentra la hoja de instrucciones de la aspirina.

–Qué chico más listo. Bueno Kazuki, ahora tienes un problema –dice el profesor.

15

Mary and a kangaroo
Mary y el canguro

Words

1. animal [ˈæniml] - animal
2. bookcase [ˈbuk keis] - estantería de libros
3. bus stop [bʌs stɔp] - parada de autobús
4. come in [kʌm in] - entrar
5. cry [krai] - gritar, llorar
6. doll [dɔl] - muñeco
7. ear [iə] - oreja
8. eyes wide with surprise [aiz waid wið səˈpraiz] - ojos muy abiertos de sorpresa
9. fall [fɔ:l] - caer
10. fly [flai] - volar
11. full [ful] - lleno

12. hand [hænd] - mano
13. happy [ˈhæpi] - contento
14. hit [hit] - pegar
15. ice-cream [ais ˈkri:m] - helado
16. kangaroo [ˌkæŋgəˈru:] - canguro
17. lion [ˈlaiən] - león
18. little [ˈlitl] - pequeño
19. monkey [ˈmʌŋki] - mono
20. month [mʌnθ] - mes
21. okay [ˌouˈkei] - vale
22. only [ˈounli] - sólo
23. pail [peil] - cubo
24. plan [plæn] - plan
25. poor [puə] - pobre

26. pull [pul] - tirar
27. quiet ['kwaiət] - silencioso
28. run away [rʌn ə'wei] - escaparse
29. sister ['sistə] - hermana
30. strong [strɔŋ] - fuerte
31. tail [teil] - cola
32. tiger ['taigə] - tigre
33. together [tə'geðə] - juntos

34. toy [tɔi] - juguete
35. water ['wɔːtə] - agua
36. wet [wet] - mojado
37. wide [waid] - grande, extenso
38. zebra ['zebrə] - cebra
39. zoo [zuː] - zoo

B

Mary and a kangaroo

Jorge is a student now. He studies at a college. He studies English. Jorge lives at the dorms. He lives next door to Kazuki's.

Jorge is in his room now. He takes the telephone and calls his friend David.

"Hello," David answers the call.

"Hello David. It is Jorge here. How are you?" Jorge says.

"Hello Jorge. I am fine. Thanks. And how are you?" David answers.

"I am fine too. Thanks. I will go for a walk. What are your plans for today?" Jorge says.

"My sister Mary asks me to take her to the zoo. I will take her there now. Let us go together," David says.

"Okay. I will go with you. Where will we meet?" Jorge asks.

"Let us meet at the bus stop Monument. And ask Kazuki to come with us too," David says.

"Okay. Bye," Jorge answers.

"See you. Bye," David says.

Then Jorge goes to Kazuki's room. Kazuki is in his room.

"Hello," Jorge says.

"Oh, hello Jorge. Come in, please," Kazuki says. Jorge comes in.

"David, his sister and I will go to the zoo. Will you go together with us?" Jorge asks.

"Of course, I will go too!" Kazuki says.

Jorge and Kazuki walk to the bus stop Monument. They see David and his sister Mary there.

54

Mary y el canguro

Ahora Jorge es un estudiante. Estudia en la universidad. Estudia inglés. Jorge vive en la residencia de estudiantes. Es el vecino de Kazuki.

Ahora mismo Jorge está en su habitación. Coge su teléfono y llama a su amigo David. David coge el teléfono y dice: – Hola.

–Hola, David. Soy yo, Jorge. ¿Qué tal? –dice Jorge.

–Hola, Jorge. Estoy bien. Gracias. ¿Y tú? – contesta David.

–También, gracias. Voy a hacer una excursión. ¿Qué planes tienes para hoy? –dice Jorge.

–Mi hermana Mary quiere ir al zoo conmigo. Voy a llevarla allí ahora. ¿Vamos juntos? –dice David.

–Está bien, iré con vosotros. ¿Dónde quedamos? –pregunta Jorge.

–Quedamos en la parada de bus Monument. Y pregúntale a Kazuki si quiere venir también. – dice David.

–De acuerdo. Hasta ahora –dice Jorge.

–Hasta ahora –dice David.

Después Jorge va a la habitación de Kazuki. Kazuki está en su habitación. –Hola –dice Jorge.

–Oh, hola, Jorge. Entra –dice Kazuki. Jorge entra en la habitación.

–David, su hermana y yo vamos al zoo. ¿Quieres venir? –pregunta Jorge.

–Claro que sí, iré con vosotros. –dice Kazuki. Jorge y Kazuki van a la parada de bus Monument. Allí von a David y a su hermana Mary. La hermana de David tiene cinco años.

David's sister is only five years old. She is a little girl and she is full of energy. She likes animals very much. But Mary thinks that animals are toys. The animals run away from her because she bothers them very much. She can pull tail or ear, hit with a hand or with a toy. Mary has a dog and a cat at home. When Mary is at home the dog is under a bed and the cat sits on the bookcase. So she cannot get them.

Mary, David, Jorge and Kazuki come into the zoo.

"I have lived in Great Britain for five months but see big animals for the first time," Jorge says.

There are very many animals in the zoo. Mary is very happy. She runs to the lion and to the tiger. She hits the zebra with her doll. She pulls the tail of a monkey so strong that all the monkeys run away crying. Then Mary sees a kangaroo. The kangaroo drinks water from a pail. Mary smiles and comes to the kangaroo very quietly. And then…

"Hey!! Kangaroo-oo-oo!!" Mary cries and pulls its tail. The kangaroo looks at Mary with wide open eyes. It jumps in surprise so that the pail with water flies up and falls on Mary. Water runs down her hair, her face and her dress. Mary is all wet.

"You are a bad kangaroo! Bad!" she cries. Some people smile and some people say: "Poor girl." David takes Mary home.

"You must not bother the animals," David says and gives an ice-cream to her. Mary eats the ice-cream.

"Okay. I will not play with very big and angry animals," Mary thinks, "I will play with little animals only." She is happy again.

Es una niña pequeña que tiene mucha energía. Le gustan mucho los animales. Pero Mary cree que los animales son juguetes. Los animales siempre se escapan porque ella les molesta mucho. Les estira de la cola o de la oreja, les pega con la mano o con un juguete. En casa Mary tiene un perro y un gato. Cuando Mary está en casa, el perro está debajo de la cama y el gato está sobre la estantería de libros. Así Mary no los puede coger.

Mary, David, Jorge y Kazuki entran en el zoo.

–He vivido en Gran Bretaña desde hace cinco meses, pero es la primera vez que veo animales grandes –dice Jorge.

En el zoo hay muchos animales. Mary está muy contenta. Corre hacia los leones y tigres. Pega la cebra con su muñeca. Estira tan fuerte de la cola de un mono que todos los monos se alejan chillando y corriendo. Después Mary descubre el canguro. El canguro está bebiendo agua de un cubo. Mary sonríe y se acerca lentamente al canguro. Y entonces…

–¡Oye! ¡Canguuuuurooooo! –grita Mary y le estira de la cola. El canguro mira a Mary con los ojos muy abiertos. Del susto da un salto, el cubo con el agua vuela por los aires y cae encima de Mary. El agua corre encima de su cabello, su cara y su vestido. Mary está muy mojada.

–¡Eres un canguro muy malo! ¡Muy malo! –grita.

Algunas personas sonríen y algunos dicen: –Pobre niña.

David lleva a Mary a casa. –No debes molestar a los animales –dice David y le da un helado. Mary come el helado. –Vale, no volveré a jugar con animales muy grandes y enfadados –piensa Mary–. Sólo jugaré con animales pequeños. Mary vuelve a estar feliz.

16

Parachutists
Paracaidistas

A

Words

1. airplane ['eəplein] - avión
2. airshow ['eəʃou] - exhibición de vuelo
3. audience ['ɔ:diəns] - público
4. catch [kætʃ] - coger
5. close [klouz] - cerrar
6. club [klʌb] - asociación
7. dress [dres] - vestir
8. eight [eit] - ocho
9. fall down [fɔ:l daun] - caerse
10. five [faiv] - cinco
11. fly [flai] - volar
12. four [fɔ:] - cuatro
13. house ['haus] - casa
14. inside [in'said] - dentro
15. jacket ['dʒækit] - chaqueta

16. jump [dʒʌmp] - salto
17. land [lænd] - tierra
18. member ['membə] - miembro
19. metal ['metl] - metálico
20. nine [nain] - nueve
21. one [wʌn] - uno
22. parachute ['pærəʃu:t] - paracaídas
23. parachutist ['pærəʃu:tist] - paracaidista
24. part [pɑ:t] - parte
25. people ['pi:pl] - gente
26. pilot ['pailət] - poloto
27. prepare [pri'peə] - preparar
28. push [puʃ] - empujar
29. real [riəl] - real
30. roof [ru:f] - tejado

31. rubber [ˈrʌbə] - goma
32. save [seiv] - salvar
33. save somebody's life [seiv ˈsəmˌbɑːdi laif] - salvar la vida a alguien
34. seven [ˈsevn] - siete
35. silent [ˈsailənt] - silencioso
36. six [siks] - seis

37. ten [ten] - diez
38. three [θriː] - tres
39. train [trein] - entrenar
40. trick [trik] - truco
41. trousers [ˈtrauzəz] - pantalones
42. two [ˈtuː] - dos

B

Parachutists

It is morning. Jorge comes to Kazuki's room. Kazuki sits at the table and writes something. Kazuki's cat Favorite is on Kazuki's bed. It sleeps quietly.

"May I come in?" Jorge asks.

"Oh, Jorge. Come in please. How are you?" Kazuki answers.

"Fine. Thanks. How are you?" Jorge says.

"I am fine. Thanks. Sit down, please," Kazuki answers.

Jorge sits on a chair.

"You know I am a member of a parachute club. We will have an airshow today," Jorge says, "I will make some jumps there."

"It is very interesting," Kazuki answers, "I may come to see the airshow."

"If you want I can take you there and you can fly in an airplane," Jorge says.

"Really? That will be great!" Kazuki cries, "What time is the airshow?"

"It begins at ten o'clock in the morning," Jorge answers, "David will come too. By the way we need help to push a stuffed parachutist out of the airplane. Will you help?"

"A stuffed parachutist? Why?" Kazuki says in surprise.

"You see, it is a part of the show," Jorge says, "This is a life-saving trick. The stuffed parachutist falls down. At this time a real parachutist flies to it, catches it and opens his own parachute. The "man" is saved!"

"Great!" Kazuki answers, "I will help. Let's go!" Kazuki and Jorge go outside. They come to the bus

Paracaidistas

Por la mañana Jorge va a la habitación de Kazuki. Kazuki está sentado en la mesa y está escribiendo. Favorite, el gato de Kazuki, está sentado en la cama de Kazuki. Está durmiendo tranquilamente.

–¿Puedo entrar? –pregunta Jorge.

–Oh, Jorge. Entra. ¿Cómo estás? –responde Kazuki.

–Bien, gracias. ¿Y tú? –dice Jorge.

–Bien, gracias. Siéntate –responde Kazuki. Jorge se sienta en una silla.

–Ya sabes que soy miembro en una asociación de paracaidistas. Hoy tenemos una exhibición de vuelo. –dice Jorge–. Haré algunos saltos.

–Me parece muy interesante –responde Kazuki–. Quizá vendré a ver la exhibición.

–Si quieres te puedo llevar y puedes volar en uno de los aviones –dice Jorge.

–¿De verdad? ¡Sería genial! –grita Kazuki–. ¿A qué hora es la exhibición?

–Comienza a las diez de la mañana –contesta Jorge–. David también vendrá. Por cierto, necesitamos ayuda para tirar un muñeco vestido de paracaidista del avión. ¿Podrías ayudarnos?

–¿Un muñeco vestido de paracaidista? ¿Para qué? –pregunta Kazuki sorprendido.

–Ah, sabes, es parte de la exhibición –dice Jorge–. Es una escena de salvamento. El muñeco cae y en este instante un paracaidista real vuela hacia allí, lo coge y abre su propio paracaídas. ¡Y el «hombre» está salvado!

–¡Genial! –responde Kazuki–. Os ayudaré. ¡Vayámonos!

stop Monument and take a bus. It takes only ten minutes to go to the airshow. When they get off the bus, they see David.

"Hello David," Jorge says, "Let's go to the airplane."

They see a parachute team at the airplane. They come to the head of the team. The head of the team is dressed in red trousers and a red jacket.

"Hello Jack," Jorge says, "Kazuki and David will help with the life-saving trick."

"Okay. The stuffed parachutist is here," Jack says. He gives them the stuffed parachutist. The stuffed parachutist is dressed in red trousers and a red jacket.

"It is dressed like you," David says smiling to Jack.

"We have no time to talk about it," Jack says, "Take it into this airplane."

Kazuki and David take the stuffed parachutist into the airplane. They take seats at the pilot. All the parachute team but its gets into the airplane. They close the door. In five minutes the airplane is in the air. When it flies over London David sees his own house.

"Look! My house is there!" David cries.

Kazuki looks through the window at streets, squares, and parks of the city. It is wonderful to fly in an airplane.

"Prepare to jump!" the pilot cries. The parachutists stand up. They open the door.

"Ten, nine, eight, seven, six, five, four, three, two, one. Go!" the pilot cries.

The parachutists begin to jump out of the airplane. The audience down on the land sees red, green, white, blue, yellow parachutes. It looks very nice. Jack, the head of the parachute team looks up too. The parachutists fly down and some land already.

"Okay. Good work guys," Jack says and goes to the nearby café to drink some coffee.

The airshow goes on.

"Prepare for the life-saving trick!" the pilot cries. David and Kazuki take the stuffed parachutist to the door.

"Ten, nine, eight, seven, six, five, four, three, two, one. Go!" the pilot cries.

Kazuki y Jorge salen fuera. Van a la parada de autobús Monument y cogen el bus. Sólo tardan diez minutos para llegar a la exhibición de vuelo. Al salir del bus ven a David.

–Hola, David –dice Jorge–. Vayamos al avión.

Al lado del avión ven a un equipo de paracaidistas. El líder del equipo lleva un pantalón rojo y una chaqueta roja.

–Hola, Jack –dice Jorge–. Kazuki y David nos ayudarán en la escena de salvamento.

–Vale. Aquí está el muñeco. –dice Jack–. Les da el muñeco paracaidista. El muñeco lleva un pantalón rojo y una chaqueta roja.

–Está vestido igual que tú –dice David, sonriéndole a Jack.

–No tenemos tiempo para hablarlo –dice Jack–. Llevadlo al avión.

Kazuki y David suben el muñeco al avión. Se sientan al lado del piloto. Todo el equipo de paracaidistas menos el líder entran en el avión. Cierran la puerta. Cinco minutos después el avión ya está en el aire. Al volar sobre Londres, David ve su casa.

–¡Mira! ¡Allí está mi casa! –grita David.

Kazuki mira a través de la ventana y ve calles, plazas y parques. Es maravilloso volar en un avión.

–¡Preparaos para el salto! –grita el piloto. Los paracaidistas se levantan. Abren la puerta.

–Diez, nueve, ocho, siete, seis, cinco, cuatro, tres, dos, uno. ¡Ya! –grita el piloto. Los paracaidistas comienzan a saltar del avión. El público ve bajar paracaídas rojos, verdes, blancos, azules y amarillos. Es muy bonito. Jack, el líder del equipo, también mira hacia el cielo. Los paracaidistas bajan y algunos ya aterrizan.

–Bien, buen trabajo, chicos –dice Jack y va a una cafetería cercana para tomarse un café. La exhibición de vuelo sigue.

–¡Preparaos para el salvamento! –grita el piloto. David y Kazuki llevan el muñeco hacia la puerta.

–Diez, nueve, ocho, siete, seis, cinco, cuatro, tres, dos, uno. ¡Ya! –grita el piloto. Kazuki y David tiran el muñeco por la

Kazuki and David push the stuffed parachutist through the door. It goes out but then stops. Its rubber "hand" catches on some metal part of the airplane.

"Go-go boys!" the pilot cries.

The boys push the stuffed parachutist very strongly but cannot get it out.

The audience down on the land sees a man dressed in red in the airplane door. Two other men try to push him out. People cannot believe their eyes. It goes on about a minute. Then the parachutist in red falls down. Another parachutist jumps out of the airplane and tries to catch it. But he cannot do it. The parachutist in red falls down. It falls through the roof inside of the café. The audience looks silently. Then the people see a man dressed in red run outside of the café. This man in red is Jack, the head of the parachutist team. But the audience thinks that he is that falling parachutist. He looks up and cries angrily, "If you cannot catch a man then do not try it!"

The audience is silent.

"Daddy, this man is very strong," a little girl says to her dad.

"He is well trained," the dad answers.

After the airshow Kazuki and David go to Jorge.

"How is our work?" David asks.

"Ah... Oh, it is very good. Thank you," Jorge answers.

"If you need some help just say," Kazuki says.

puerta. Cae, pero queda enganchado. Su mano de goma ha quedado enganchada en una parte metálica del avión.

–¡Venga, vamos chicos! –grita el piloto.

Los chicos estiran el muñeco con toda su fuerza, pero no lo pueden sacar.

El público abajo ve a un hombre, vestido de rojo, enganchado en la puerta del avión. Dos hombres intentan empujarle con fuera. La gente no se lo puede creer. Un minuto después el paracaidista en rojo empieza a caer. Otro paracaidista salta del avión e intenta cogerlo, pero no lo consigue. El paracaidista en rojo sigue cayendo. Cae a través del tejado de la cafetería. El público lo observa en silencio. Después ven a un hombre, vestido de rojo, salir corriendo de la cafetería. Este hombre en rojo es Jack, el líder del equipo de paracaidistas. Pero el público piensa que es el paracaidista que cayó. Jack mira hacia arriba y grita enfadado –Si no sabéis coger a un hombre, no lo intentéis!

El público está en silencio.

–Papá, este hombre es muy fuerte –le dice una niña pequeña a su padre.

–Está bien entrenado –contesta el padre.

Después de la exhibición de vuelo David y Kazuki se acercan a Jorge.

–¿Cómo lo hemos hecho? –pregunta David.

–Ejem... Muy bien. Gracias –contesta Jorge.

–Si necesitas ayuda con algo, avísanos – dice Kazuki.

17

Turn the gas off!
¡Cierra la llave del gas!

A

Words

1. at this moment [ət ðis ˈmoumənt] - en este instante
2. careful [ˈkeəful] - cuidadoso
3. eleven [iˈlevn] - once
4. face [feis] - cara
5. feel [fiːl] - sentir
6. fill up [fil ʌp] - llenar
7. fire [ˈfaiə] - fuego
8. freeze [friːz] - helarse; quedarse de piedra
9. gas [gæs] - gas
10. hungry [ˈhʌngri] - hambriento
11. immediately [iˈmiːdiətli] - inmediatamente
12. kettle [ˈketl] - tetera
13. kindergarten [ˈkindəgɑːtn] - guardería
14. meanwhile [ˈmiːnwail] - mientras tanto
15. order [ˈɔːdə] - ordenar
16. outside [ˌautˈsaid] - fuera
17. pale [peil] - pálido
18. pussycat [ˈpusikæt] - gato, minino
19. put [ˈput] - poner
20. railway station [ˈreilwei ˈsteiʃn] - estación de ferrocarril
21. secretary [ˈsekrətəri] - secretaria
22. sly [slai] - astuto
23. strange [streindʒ] - desconocido; extraño
24. suddenly [sʌdnli] - de repente
25. tap [tæp] - grifo
26. ticket [ˈtikit] - billete
27. train [trein] - tren
28. turn off [tɜːn ɔf] - apagar
29. voice [vɔis] - voz
30. warm up [wɔːm ʌp] - calentar

B

Turn the gas off!

It is seven o'clock in the morning. David and Mary sleep. Their mother is in the kitchen. The mother's name is Linda. Linda is forty-four years old. She is a careful woman. Linda cleans the kitchen before she goes to work. She is a secretary. She works twenty kilometers away from London. Linda usually goes to work by train.

She goes outside. The railway station is nearby, so Linda goes there on foot. She buys a ticket and gets on a train. It takes about twenty minutes to go to work. Linda sits in the train and looks out of the window.

Suddenly she freezes. The kettle! It stands on the cooker and she forgot to turn the gas off! David and Mary sleep. The fire can spread on the furniture and then... Linda turns pale. But she is a smart woman and in a minute she knows what to do. She asks a woman and a man, who sit nearby, to telephone her home and tell David about the kettle.

Meanwhile David gets up, washes and goes to the kitchen. He takes the kettle off the table, fills it up with water and puts it on the cooker. Then he takes bread and butter and makes sandwiches. Mary comes into the kitchen.

"Where is my little pussycat?" she asks.

"I do not know," David answers, "Go to the bathroom and wash your face. We will drink some tea and eat some sandwiches now. Then I will take you to the kindergarten."

Mary does not want to wash. "I cannot turn on the water tap," she says slyly.

"I will help you," her brother says. At this moment the telephone rings. Mary runs quickly to the telephone and takes the handset.

"Hello, this is the zoo. And who are you?" she says. David takes the handset from her and says, "Hello. This is David."

"Are you David Smith living at eleven Queen Street?" the voice of a strange woman asks.

¡Cierra la llave del gas!

Son las siete de la mañana. David y Mary están durmiendo. Su madre está en la cocina. Su madre se llama Linda. Linda tiene cuarenta y cuatro años. Es una mujer cuidadosa. Linda limpia la cocina antes de irse a trabajar. Es secretaria. Trabaja a veinte kilómetros de Londres. Normalmente Linda coge el tren para ir a trabajar. Linda sale de casa. La estación de ferrocarril está cerca, por lo que Linda va a pie. Compra un billete y sube al tren. Tarda alrededor de veinte minutos para llegar a su trabajo. Linda está sentada en el tren y está mirando por la ventana.

De repente se queda de piedra. ¡La tetera! Está puesta en la cocina y se ha olvidado de apagar el gas. David y Mary están durmiendo. El fuego podría extenderse a los muebles y después... Linda se pone pálida, pero es una mujer inteligente y poco después sabe qué hacer. Está sentada al lado de una mujer y de un hombre, les pide que llamen a su casa para avisar a David de la tetera. Mientras tanto David se levanta, se lava y va a la cocina. Coge la tetera de la mesa, la llena con agua y la pone sobre la cocina. Después coge pan y mantequilla y empieza a preparar bocadillos. Mary viene a la cocina.

–¿Dónde está mi minino pequeñito? – pregunta.

–No lo sé –responde David–. Ve al baño y lávate la cara. Tomaremos té y comeremos los bocadillos. Después te llevaré a la guardería.

Mary no quiere lavarse. –No puedo abrir el grifo –dice astutamente.

–Te ayudaré –le dice su hermano. En este instante suena el teléfono. Mary corre rápido para descolgarlo. –Hola, aquí el zoo. ¿Diga? –dice.

David le quita el teléfono y dice: –Hola, soy David.

–¿Eres David Smith? ¿De la Queen Street número once? –pregunta la voz de una mujer

"Yes," David answers.

"Go to the kitchen immediately and turn the gas off!" the woman's voice cries.

"Who are you? Why must I turn the gas off?" David says in surprise.

"Do it now!" the voice orders.

David turns the gas off. Mary and David look at the kettle in surprise.

"I do not understand," David says, "How can this woman know that we will drink tea?"

"I am hungry," his sister says, "When will we eat?"

"I am hungry too," David says and turns the gas on again. At this minute the telephone rings again.

"Hello," David says.

"Are you David Smith who lives at eleven Queen Street?" the voice of a strange man asks.

"Yes," David answers.

"Turn off the cooker gas immediately! Be careful!" the voice orders.

"Okay," David says and turns the gas off again.

"Let's go to the kindergarten," David says to Mary feeling that they will not drink tea today.

"No. I want some tea and bread with butter," Mary says angrily.

"Well, let's try to warm up the kettle again," her brother says and turns the gas on.

The telephone rings and this time their mother orders to turn the gas off. Then she explains everything. At last Mary and David drink tea and go to the kindergarten.

desconocida.

–Sí –responde David.

–¡Ve a la cocina ahora mismo y apaga el gas! –grita la voz de la mujer.

–¿Quién es? ¿Por qué debo apagar el gas? –pregunta David sorprendido.

–¡Hazlo ahora! –le ordena la voz.

David apaga el gas. Mary y David miran sorprendidos a la tetera.

–No lo entiendo –dice David–. ¿Cómo sabía la mujer que queríamos tomar té?

–Tengo hambre –dice su hermana–. ¿Cuándo comeremos?

–También tengo hambre –dice David y vuelve a encender el gas. En este instante vuelve a sonar el teléfono.

–Hola –dice David.

–¿Eres David Smith? ¿De la Queen Street número once? –pregunta la voz de un hombre desconocido.

–Sí –responde David.

–¡Apaga el gas ahora mismo! ¡Ten cuidado! –le ordena la voz.

–Vale –dice David y vuelve a apagar el gas.

–Vayámonos a la guardería –le dice David a Mary, con el sentimiento de que hoy ya no tomarían té.

–No. Quiero té y pan con mantequilla –dice Mary enfadada.

–Bien, intentemos poner la tetera otra vez –dice su hermano y enciende el gas. El teléfono suena y esta vez es su madre quien les ordena de apagar el gas. Después lo explica todo.

Por fin Mary y David pueden tomar té e irse a la guardería.

18

A job agency
Una agencia de empleo

 A

Words

1. arm [ɑːm] - echar un pulso
2. cable [ˈkeibl] - cable
3. confused [kənˈfjuːzd] - confundido
4. consult [kənˈsʌlt] - consultar
5. cool [kuːl] - ¡genial!
6. current [ˈkʌrənt] - corriente
7. deadly [ˈdedli] - mortal
8. electrical [iˈlektrikl] - eléctrico
9. fifteen [ˌfifˈtiːn] - quince
10. friendly [ˈfrendli] - simpático
11. gray-headed [greiˈhedid] - canoso
12. helper [ˈhelpə] - ayudante
13. job consultant [dʒɔb kənˈsʌltənt] - asesor de empleo
14. lie [lai] - estar tumbado
15. manual [ˈmænjuəl] - manual
16. mattress [ˈmætris] - colchón
17. mental [ˈmentl] - mental
18. publishing house [ˈpʌbliʃiŋ ˈhaus] - editorial
19. pull [pul] - estirar
20. recommend [ˌrekəˈmend] - recomendar
21. shake [ʃeik] - temblar
22. sir [sɜː] - señor
23. sixty [ˈsiksti] - sesenta
24. son [sʌn] - hijo
25. sport club [spɔːt klʌb] - club deportivo
26. story [ˈstɔːri] - historia
27. sure [ʃuə] - seguro
28. town [taun] - ciudad
29. visitor [ˈvizitə] - visitante
30. year [ˈjiə] - año
31. young [jʌŋ] - joven

B

A job agency

One day Kazuki goes to Jorge's room and sees that his friend lies on the bed and shakes. Kazuki sees some electrical cables running from Jorge to the electric kettle. Kazuki believes that Jorge is under a deadly electric current. He quickly goes to the bed, takes the mattress and pulls it strongly. Jorge falls to the floor. Then he stands up and looks at Kazuki in surprise.

"What was it?" Jorge asks.

"You were on electrical current," Kazuki says.

"No, I listen to the music," Jorge says and shows his CD player.

"Oh, I am sorry," Kazuki says. He is confused.

"It's okay. Do not worry," Jorge answers quietly cleaning his trousers.

"David and I go to a job agency. Do you want to go with us?" Kazuki asks.

"Sure. Let's go together," Jorge says.

They go outside and take the bus number seven. It takes them about fifteen minutes to go to the job agency. David is already there. They come into the building. There is a long queue to the office of the job agency. They stand in the queue. In half an hour they come into the office. There is a table and some bookcases in the room. At the table sits a gray-headed man. He is about sixty years old.

"Come in guys!" he says friendly, "Take seats, please."

David, Jorge and Kazuki sit down.

"My name is James Griffin. I am a job consultant. Usually I speak with visitors individually. But as you are all students and know each other I can consult you all together. Do you agree?"

"Yes, sir," David says, "We have three or four hours of free time every day. We need to find jobs for that time, sir."

"Well. I have some jobs for students. And you take off your player," Mr. Griffin says to Jorge.

"I can listen to you and to music at the same

Una agencia de empleo

Un día Kazuki entra en la habitación de Jorge y ve su amigo estirado en la cama, temblando. Kazuki ve algunos cables eléctricos que conectan la tetera con Jorge. Kazuki cree que Jorge está recibiendo una descarga eléctrica mortal. Rápidamente va a la cama, coge el colchón y lo estira fuertemente. Jorge cae al suelo. Después se levanta y mira sorprendido a Kazuki.

–¿Qué ha sido esto? –pregunta Jorge.

–Estabas bajo corriente eléctrica –dice Kazuki.

–No, estaba escuchando música –dice Jorge y señala a su reproductor de CD.

–Vaya, lo siento –dice Kazuki. Está confundido.

–Tranquilo, no pasa nada –dice Jorge con calma, limpiándose sus pantalones.

–David y yo vamos a una agencia de empleo. ¿Quieres venir? –pregunta Kazuki.

–Sí, claro, vamos juntos –dice Jorge.

Salen y toman el autobús número siete. Tardan unos quince minutos en llegar a la agencia de empleo. David ya está allí. Entran en el edificio. Delante de la oficina de la agencia de empleo hay una cola larga. Hacen cola. Media hora después entran en la oficina. En la sala hay algunas sillas y algunas estanterías con libros. En una mesa está sentado un hombre de cabeza canosa. Tiene unos sesenta años.

–Entrad, chicos –dice con voz simpática–, sentaos, por favor.

David, Jorge y Kazuki se sientan.

–Soy James Griffin. Soy asesor de empleo. Normalmente asesoro a las personas de manera individual, pero como sois estudiantes y os conocéis, os puedo asesorar juntos. ¿De acuerdo?

–Sí –dice David–. Tenemos de tres a cuatro horas libres cada día. Necesitamos un trabajo en estas horas.

–Bien, tengo algunos trabajos para estudiantes. Y tú, apaga tu reproductor de CD

64

time," Jorge says.

"If you seriously want to get a job take the player off and listen carefully to what I say;" Mr. Griffin says, "Now guys say what kind of job do you need? Do you need mental or manual work?"

"I can do any work," Kazuki says, "I am strong. Want to arm?" he says and puts his arm on Mr. Griffin's table.

"It is not a sport club here but if you want..." Mr. Griffin says. He puts his arm on the table and quickly pushes down Kazuki's arm, "As you see son, you must be not only strong but also smart."

"I can work mentally too, sir," Kazuki says again. He wants to get a job very much. "I can write stories. I have some stories about my native town."

"This is very interesting," Mr. Griffin says. He takes a sheet of paper, "The publishing house "All-round" needs a young helper for a writing position. They pay nine pounds per hour."

"Cool!" Kazuki says, "Can I try?"

"Sure. Here are their telephone number and their address," Mr. Griffin says and gives a sheet of paper to Kazuki.

"And you guys can choose a job on a farm, in a computer firm, on a newspaper or in a supermarket. As you do not have any experience I recommend you to begin to work in a farm. They need two workers," Mr. Griffin says to David and Jorge.

"How much do they pay?" David asks.

"Let me see…" Mr. Griffin looks into the computer, "They need workers for three or four hours a day and they pay seven pounds per hour. Saturdays and Sundays are free. Do you agree?" he asks.

"I agree," David says.

"I agree too," Jorge says.

"Well. Take the telephone number and the address of the farm," Mr. Griffin says and gives a sheet of paper to them.

"Thank you, sir," the boys say and go outside.

–le dice el Señor Griffin a Jorge.

–Puedo escucharle y escuchar música a la vez –dice Jorge.

–Si quieres conseguir un trabajo en serio, apaga la música y escúchame bien –dice el Señor Griffin–. ¿Qué tipo de empleo queréis? ¿Un trabajo intelectual o manual?

–Puedo hacer cualquier tipo de trabajo –dice Kazuki. Soy fuerte. ¿Un pulso? –dice y apoya su brazo en la mesa del Señor Griffin.

–Esto no es un club deportivo, pero como quieras... –dice el Señor Griffin. Apoya su brazo en la mesa y rápidamente empuja el brazo de Kazuki hacia abajo.

–Como ves, no sólo debes ser fuerte sino también listo.

–También puedo hacer trabajos que requieran pensar –dice Kazuki. Realmente quiere conseguir un trabajo. –Puedo escribir historias. Tengo algunas historias sobre mi ciudad de origen.

–Me parece muy interesante –dice el Señor Griffin. Coge una hoja.

–La editorial All-Round necesita un joven escritor. Pagan nueve libras la hora.

–¡Genial! –dice Kazuki–. ¿Lo puedo intentar?

–Por supuesto. Aquí tienes el número de teléfono y la dirección –dice el Señor Griffin y le da una hoja a Kazuki–. Y vosotros, chicos, podéis elegir entre un trabajo en una granja, en una tienda informática, en un periódico o en un supermercado. Como no tenéis experiencia, os recomiendo empezar por el trabajo en la granja. Necesitan dos trabajadores –le dice el Señor Griffin a David y a Jorge.

–¿Cuánto pagan? –pregunta David.

–A ver... –el Señor Griffin mira en su ordenador–. Necesitan trabajadores para tres o cuatro horas al día y pagan siete libras por hora. Sábados y domingos libres. ¿Os parece bien? –les pregunta.

–Sí, de acuerdo –dice David.

–También me parece bien –dice Jorge.

–Bien, coged el número de teléfono y la dirección de la granja –dice el Señor Griffin y les da una hoja.

–Gracias, Señor Griffin –dicen los chicos y se van.

19

David and Jorge wash the truck (part 1)
David y Jorge lavan el camion (parte 1)

A

Words

1. arrive [əˈraiv] - llegar
2. brake [breik] - freno
3. check [tʃek] - revisar
4. continue [kənˈtinjuː] - continuar
5. day [dei] - día
6. drive [draiv] - conducir
7. driving license [ˈdraiviŋ ˈlaisns] - carné de conducir
8. eighth [eitθ] - octavo
9. employer [imˈploiə] - empleador
10. engine [ˈendʒin] - motor
11. experience [ikˈspiəriəns] - experiencia
12. far [ˈfɑː] - lejos
13. farm yard [fɑːm jɑːd] - patio
14. fifth [ˈfifθ] - quinto
15. first [ˈfɜːst] - primero
16. float [flout] - flotar
17. fourth [ˈfɔːθ] - cuarto
18. front wheel [frʌnt ˈwiːl] - rueda delantera
19. further [ˈfɜːðə] - más; más lejos
20. hard [hɑːd] - duro
21. lift [lift] - levantar
22. load [loud] - cargar

23. machine [məˈʃiːn] - máquina
24. ninth [nainθ] - noveno
25. number [ˈnʌmbə] - número
26. owner [ˈounə] - propietario
27. pail [peil] - cubo
28. past [pɑːst] - por delante
29. place [ˈpleis] - sitio, lugar
30. quick [kwik] - rápido
31. quite [kwait] - bastante
32. seashore [ˈsiːʃɔː] - costa
33. second [ˈsekənd] - segundo
34. seed [siːd] - semilla

35. seventh [ˈsevnθ] - séptimo
36. sixth [siksθ] - sexto
37. slow [slou] - lento
38. stop [stɔp] - parar
39. strength [streŋθ] - fuerza
40. suitable [ˈsuːtəbl] - adecuado
41. tenth [tenθ] - décimo
42. third [ˈθɜːd] - tercero
43. truck [trʌk] - camión
44. unload [ʌnˈloud] - descargar
45. wave [weiv] - ola

 # B

David and Jorge wash the truck (part 1)

David and Jorge work on a farm now. They work three or four hours every day. The work is quite hard. They must do a lot of work every day. They clean the farm yard every second day. They wash the farm machines every third day. Every fourth day they work in the farm fields.

Their employer's name is Daniel Miller. Mr. Miller is the owner of the farm and he does most of the work. Mr. Miller works very hard. He also gives a lot of work to David and Jorge. "Hey boys, finish cleaning the machines, take the truck and go to the transport firm Rapid," Mr. Miller says, "They have a load for me. Load boxes with the seed in the truck, bring them to the farm, and unload in the farm yard. Do it quickly because I need to use the seed today. And do not forget to wash the truck." "Okay," David says. They finish cleaning and get into the truck. David has a driving license so he drives the truck. He starts the engine and drives at first slowly through the farm yard, then quickly along the road. The transport firm Rapid is not far from the farm. They arrive there in fifteen minutes. They look for the loading door number ten there. David drives

David y Jorge lavan el camión (parte 1)

Ahora David y Jorge trabajan en una granja. Trabajan de tres a cuatro horas al día. El trabajo es bastante duro. Tienen que trabajar mucho cada día. Cada segundo día tienen que limpiar el patio de la granja. Cada tercer día limpian las máquinas. Cada cuarto día trabajan en los campos. Su jefe se llama Daniel Miller. El Señor Miller es el propietario de la granja y es quién hace la mayor parte del trabajo. El Señor Miller trabaja muy duro. También les da mucho trabajo a David y a Jorge.

–Ey, chicos, terminad de limpiar las máquinas y después coged el camión para ir a la empresa de transporte Rapid –dice el Señor Miller–. Tienen una carga para mí. Cargad las cajas con las semillas en el camión, llevadlas a la granja y descargadlas en el patio. Daos prisa, necesito usar las semillas hoy. Y no olvidéis de lavar el camión.

–De acuerdo –dice David. Terminan de limpiar las máquinas y suben al camión. David tiene el carné de conducir, así que conduce el camión. Arranca el motor, cruza el patio lentamente y después en la carretera va rápido. La empresa de transportes Rapid no está lejos de la granja. Llegan allí en quince minutos. Buscan la puerta de carga número diez.

David cruza el patio de la empresa con cuidado.

the truck carefully through the loading yard. They go past the first loading door, past the second loading door, past the third, past the fourth, past the fifth, past the sixth, past the seventh, past the eighth, then past the ninth loading door. David drives to the tenth loading door and stops.

"We must check the loading list first," Jorge says who already has some experience with loading lists at this transport firm. He goes to the loader who works at the door and gives him the loading list. The loader loads quickly five boxes into their truck. Jorge checks the boxes carefully. All numbers on the boxes have numbers from the loading list.

"Numbers are correct. We can go now," Jorge says.

"Okay," David says and starts the engine, "I think we can wash the truck now. There is a suitable place not far from here."

In five minutes they arrive to the seashore.

"Do you want to wash the truck here?" Jorge asks in surprise.

"Yeah! It is a nice place, isn't it?" David says.

"And where will we take a pail?" Jorge asks.

"We do not need any pail. I will drive very close to the sea. We will take the water from the sea," David says and drives very close to the water. The front wheels go in the water and the waves run over them.

"Let's get out and begin washing," Jorge says.

"Wait a minute. I will drive a bit closer," David says and drives one or two meters further, "It is better now."

Then a bigger wave comes and the water lifts the truck a little and carries it slowly further into the sea.

"Stop! David, stop the truck!" Jorge cries, "We are in the water already! Please, stop!"

"It will not stop!!" David cries stepping on the brake with all his strength, "I cannot stop it!!"

The truck slowly floats further in the sea pitching on the waves like a little ship.

(to be continued)

Pasan por la primera puerta de carga, por la segunda, la tercera, la cuarta, la quinta, la sexta, la séptima, la octava y por la novena. David conduce hacia la décima puerta de carga y detiene el camión.

–Primero debemos revisar la lista de carga – dice Jorge que ya tiene experiencia con las listas de carga de esta empresa. Se acerca al cargador que trabaja en esta puerta y le da la lista de carga. El cargador rápidamente carga cinco cajas en el camión. Jorge controla las cajas con cuidado. Todos los números de las cajas corresponden a los números de la lista.

–Los números están bien. Podemos irnos –dice Jorge.

–Vale –dice David y arranca el motor–. Creo que podemos ir a lavar el camión ahora. Cerca de aquí hay un sitio adecuado.

Cinco minutos después llegan a la orilla del mar.

–¿Quieres lavar el camión aquí? –pregunta Jorge sorprendido.

–¡Sí! Es un sitio fantástico, ¿verdad? –dice David.

–¿Y dónde conseguimos un cubo? –pregunta Jorge.

–No necesitamos ningún cubo. Aparcaré muy cerca del mar. Cogeremos el agua del mar – dice David y acerca el camión al agua. Las ruedas delanteras ya están en el agua y las olas pasan por encima.

–Venga, bajamos del camión y lo lavamos –dice Jorge.

–Espera, lo voy a acercar un poco más –dice David y conduce uno o dos metros más hacia el mar–. Mejor así.

De repente viene una ola enorme, el agua levanta el camión y se lo lleva lentamente mar adentro.

–¡Para! ¡David, para el camión! –grita Jorge–. ¡Ya estamos en el agua! ¡Para, por favor!

–¡No para! –grita David y pisa el freno con toda su fuerza–. No lo puedo parar.

El camión flota lentamente mar adentro, como una pequeña barca.

(continuará)

20

David and Jorge wash the truck (part 2)
David y Jorge lavan el camión (parte 2)

A

Words

1. accident [ˈæksidənt] - accidente
2. along [əˈlɔŋ] - por
3. believe [biˈliːv] - creer
4. bird [bɜːd] - pájaro, ave
5. ceremony [ˈseriməni] - ceremonia
6. choose [tʃuːz] - elegir
7. constant [ˈkɔnstənt] - constante
8. control [kənˈtroul] - controlar
9. enjoy [inˈdʒɔi] - disfrutar
10. fire [ˈfaiə] - despedir
11. flow [flou] - flujo
12. friend [ˈfrend] - amigo
13. happen [ˈhæpən] - pasar
14. inform [inˈfɔːm] - informar
15. journalist [ˈdʒɜːnəlist] - periodista
16. killer whale [ˈkilə weil] - orca
17. laugh [lɑːf] - reirse
18. left [left] - izquierda
19. life [laif] - vida
20. money [ˈmʌni] - dinero
21. oil [ɔil] - petróleo
22. photographer [fəˈtɔgrəfə] - fotógrafo
23. picture [ˈpiktʃə] - fotografía
24. rehabilitate [ˌriːəˈbiliteit] - recuperar
25. rehabilitation [ˌriːəˌbiliˈteiʃn] - recuperación
26. rescue service [ˈreskjuː ˈsɜːvis] - servicio de socorro
27. right [rait] - derecha
28. set free [set friː] - liberar
29. ship [ʃip] - barco
30. situation [ˌsitʃuˈeiʃn] - situación
31. speech [spiːtʃ] - discurso
32. steer [stiə] - conducir

33. step [step] - pisar
34. swallow [ˈswɔlou] - engullir
35. swim [swim] - nadar
36. tanker [ˈtæŋkə] - petrolero
37. white [wait] - blanco

38. wind [wind] - viento
39. wonder [ˈwʌndə] - preguntarse
40. worker [ˈwɜːkə] - trabajador

B

David and Jorge wash the truck (part 2)

The truck floats slowly further in the sea pitching on the waves like a little ship. David steers to the left and to the right stepping on the brake and gas. But he cannot control the truck. A strong wind pushes it along the seashore. David and Jorge do not know what to do. They just sit and look out of the windows. The sea water begins to run inside.

"Let's go out and sit on the roof," Jorge says. They sit on the roof.

"What will Mr. Miller say, I wonder?" Jorge says.

The truck floats slowly about twenty meters away from the shore. Some people on the shore stop and look at it in surprise.

"Mr. Miller may fire us," David answers.

Meanwhile the head of the college Mr. Anderson comes to his office. The secretary says to him that there will be a ceremony today. They will set free two sea birds after rehabilitation. Workers of the rehabilitation centre cleaned oil off them after the accident with the tanker Gran Pollución. The accident happened one month ago. Mr. Anderson must make a speech there. The ceremony begins in twenty-five minutes.

Mr. Anderson and his secretary take a taxi and in ten minutes arrive to the place of the ceremony. These two birds are already there. Now they are not so white as usually. But they can swim and fly again now. There are many people, journalists, photographers there now. In two minutes the ceremony begins. Mr. Anderson begins his speech.

David y Jorge lavan el camión (parte 2)

El camión flota lentamente mar adentro, como una pequeña barca. David gira el volante hacia la izquierda y hacia la derecha, pisando el freno y el acelerador, pero no consigue controlar al camión. Un viento fuerte lo lleva a lo largo de la costa. David y Jorge no saben qué hacer. Están sentados y miran por la ventanilla. El agua del mar empieza a entrar en el camión.
–Salgamos del camión y sentémonos en el techo –dice Jorge. Se sientan en el techo.
–Me pregunto qué dirá el Señor Miller –dice Jorge. El camión flota lentamente a unos veinte metros de la orilla. Algunas personas en la orilla se paran y lo miran sorprendidos.
–El Señor Miller seguramente nos despedirá –responde David.
Mientras tanto el rector de la universidad, el Señor Anderson, entra en su despacho. La secretaria le dice que hoy habrá una ceremonia. Liberarán dos aves marinas tras su recuperación. Después del accidente del petrolero Gran Polución los trabajadores del centro de rehabilitación las han limpiado del petróleo. El accidente ocurrió hace un mes. El Señor Anderson tendrá que dar un discurso en la ceremonia. Comenzará en veinticinco minutos.
El Señor Anderson y su secretaria cogen un taxi y en diez minutos llegan al lugar de la ceremonia. Las dos aves ya están allí. No están tan blancas como normalmente, pero pueden volver a nadar y volar. Hay mucha gente, muchos periodistas y fotógrafos. Dos minutos más tarde comienza la ceremonia. El Señor Anderson empieza con su discurso.

"Dear friends!" he says, "The accident with the tanker Gran Polución happened at this place a month ago. We must rehabilitate many birds and animals now. It costs a lot of money. For example the rehabilitation of each of these birds costs five thousand pounds! And I am glad to inform you now that after one month of rehabilitation these two wonderful birds will be set free."

Two men take a box with the birds, bring it to the water and open it. The birds go out of the box and then jump in the water and swim. The photographers take pictures. The journalists ask workers of the rehabilitation centre about the animals.

Suddenly a big killer whale comes up, quickly swallows those two birds and goes down again. All the people look at the place where the birds were before. The head of the college does not believe his eyes. The killer whale comes up again looking for more birds. As there are no other birds there, it goes down again. Mr. Anderson must finish his speech now.

"Ah…," he chooses suitable words, "The wonderful constant flow of life never stops. Bigger animals eat smaller animals and so on… ah… what is that?" he says looking at the water. All the people look there and see a big truck floating along the shore pitching on the waves like a ship. Two guys sit on it looking at the place of the ceremony.

"Hello Mr. Anderson," Jorge says, "Why do you feed killer whales with birds?"

"Hello Jorge," Mr. Anderson answers, "What do you do there boys?"

"We wanted to wash the truck," David answers.

"I see," Mr. Anderson says. Some of the people begin to enjoy this situation. They begin to laugh.

"Well, I will call the rescue service now. They will get you out of the water. And I want to see you in my office tomorrow," the head of the college says and calls the rescue service.

–¡Queridos amigos! –dice–. El accidente con el petrolero Gran Polución ocurrió aquí hace un mes. Ahora tenemos que ayudar a las aves y a los animales a recuperarse. Cuesta mucho dinero. ¡La recuperación de estas dos aves, por ejemplo, nos costó cinco mil libras! Estoy muy contento de anunciarles que ahora, después de un mes de rehabilitación, estas dos aves maravillosas serán puestas en libertad.

Dos hombres cogen la jaula de las aves, la llevan al agua y la abren. Las aves salen de la jaula, saltan al agua y nadan. Los fotógrafos sacan fotos. Los periodistas entrevistan a los trabajadores del centro de recuperación sobre los animales. De repente aparece una grande orca, engulle a las dos aves y vuelve a desaparecer. Todo el mundo mira al lugar donde han estado las aves. El rector de la universidad no se lo puede creer. La orca vuelve a aparecer, buscando más aves. Como no hay más aves, la orca desaparece. El Señor Anderson tiene que terminar su discurso.

–Ejem... –está buscando las palabras adecuadas –La vida es un flujo constante y maravilloso. Los animales grandes se alimentan de animales pequeños y así... ejem... ¿qué es eso? –pregunta mirando hacia el mar. Todo el mundo mira al agua y ve un camión grande, flotando a lo largo de la costa, como una barca pequeña. Hay dos chicos sentados encima que miran hacia el lugar de la ceremonia.

–Hola, Señor Anderson –dice Jorge–. ¿Por qué alimentan a las orcas con aves?

–Hola, Jorge –dice el Señor Anderson–. ¿Qué estáis haciendo, chicos?

–Queríamos lavar el camión –dice David.

–Ya veo –dice el Señor Anderson. Algunas personas empiezan a ver la gracia de la situación. Empiezan a reírse.

–Bueno, voy a llamar al servicio de socorro. Os sacarán del agua. Y mañana os quiero ver en mi despacho –dice el rector de la universidad y llama al servicio de socorro.

21

A lesson
Una lección

A

Words

1. attention [əˈtenʃn] - atención
2. before [biˈfɔː] - delante de; antes de
3. boyfriend [ˈbɔifrend] - novio
4. car [kɑː] - coche
5. empty [ˈempti] - vacío
6. everything [ˈevriθiŋ] - todo
7. fill [fil] - llenar
8. girlfriend [ˈgɜːlfrend] - novia
9. happiness [ˈhæpinəs] - felicidad
10. health [helθ] - salud
11. important [imˈpɔːtnt] - importante
12. jar [dʒɑː] - jarra
13. just [dʒəst] - solamente, simplemente
14. lesson [ˈlesn] - clase
15. lose [luːz] - perder
16. medical test [ˈmedikl ˈtest] - revisión médica
17. only [ˈounli] - sólo
18. parents [ˈpeərənts] - padres
19. play [ˈplei] - jugar
20. pour [pɔː] - verter
21. remain [riˈmein] - quedar
22. room [ruːm] - espacio
23. sand [sænd] - arena
24. shake [ʃeik] - agitar
25. slightly [ˈslaitli] - ligeramente
26. stand [stʊnd] - estar de pie
27. still [stil] - aún, todavía

28. stone [stoun] - piedra
29. stuff [stʌf] - cosas
30. television [ˈteliˌviʒn] - televisión
31. thing [ˈθiŋ] - cosa

32. washing station [ˈwɔʃiŋ ˈsteiʃn] - lavadero
33. watch [wɔtʃ] - mirar

 # B

A lesson

The head of the college stands before the class. There are some boxes and other things on the table before him. When the lesson begins he takes a big empty jar and without a word fills it up with big stones.

"Do you think the jar is already full?" Mr. Anderson asks students.

"Yes, it is," agree students.

Then he takes a box with very small stones and pours them into the jar. He shakes the jar slightly. The little stones, of course, fill up the room between the big stones.

"What do you think now? The jar is already full, isn't it?" Mr. Anderson asks them again.

"Yes, it is. It is full now," the students agree again. They begin to enjoy this lesson. They begin to laugh.

Then Mr. Anderson takes a box of sand and pours it into the jar. Of course, the sand fills up all the other room.

"Now I want that you think about this jar like a man's life. The big stones are important things - your family, your girlfriend and boyfriend, your health, your children, your parents - things that if you loose everything and only they remain, your life still will be full. Little stones are other things which are less important. They are things like your house, your job, your car. Sand is everything else - small stuff. If you put sand in the jar at first, there will be no room for little or big stones. The same goes for life. If you spend all of your time and energy on the small stuff, you will never have room for things that are important to you. Pay attention to things that are most important to your happiness. Play with your children or parents. Take time to get medical

Una lección

El rector de la universidad está dando una clase. Hay algunas cajas y demás cosas en la mesa. Al comenzar la clase, coge una jarra grande y vacía y la llena en silencio con piedras grandes.

–¿Creéis que la jarra ya está llena? – pregunta el Señor Anderson a sus estudiantes.

–Sí, está llena –dicen los estudiantes.

Después coge una caja con piedras pequeñas y las vierte en la jarra. La agita ligeramente. Claro que las piedras pequeñas llenan los espacios entre las piedras grandes.

–¿Y ahora? ¿Está llena la jarra o no? –vuelve a preguntar el Señor Anderson.

–Sí, está llena. Ahora sí –vuelven a decir los estudiantes. La clase empieza a gustarles. Se ríen.

El Señor Anderson coge una caja con arena y la vierte en la jarra. Claro que la arena llena todos los espacios que quedan.

–Ahora quiero que os imaginéis vuestra vida como una jarra así. Las piedras grandes son las cosas importantes: vuestra familia, vuestro novio o vuestra novia, vuestra salud, vuestros hijos, vuestros padres. Si perdéis todo y sólo os quedan estas cosas, seguirán llenando vuestra vida. Las piedras pequeñas son cosas menos importantes, como vuestra casa, vuestro trabajo, vuestro coche. La arena es todo lo demás – las cosas pequeñas. Si empecéis a llenar la jarra con arena, no os quedará sitio para las piedras grandes y pequeñas. Lo mismo pasa en la vida. Si usáis todo vuestro tiempo y vuestra energía para las cosas pequeñas, nunca tendréis espacio para las cosas importantes. Prestad atención a las cosas que son las más importantes para vuestra felicidad. Jugad con vuestros hijos o padres. Tomaos el tiempo para las revisiones

tests. Take your girlfriend or boyfriend to a café. There will be always time to go to work, clean the house and watch television," Mr. Anderson says, "Take care of the big stones first - things that are really important. Everything else is just sand," he looks at the students, "Now Jorge and David, what is more important to you - washing a truck or your lives? You float on a truck in the sea full of killer whales like on a ship just because you wanted to wash the truck. Do you think there is no other way to wash it?"

"No, we do not think so," David says.

"You can wash a truck in a washing station instead, can't you?" says Mr. Anderson.

"Yes, we can," say the students.

"You must always think before you do something. You must always take care of the big stones, right?"

"Yes, we must," answer the students.

médicas. Llevad a vuestra novia o a vuestro novio a una cafetería. Siempre habrá tiempo para trabajar, limpiar la casa o ver la televisión. –dice el Señor Anderson–. Primero ocupaos de las piedras grandes, de las cosas realmente importantes, todo lo demás sólo es arena.

Mira a sus estudiantes. –Bueno, Jorge y David, ¿qué es más importante, lavar un camión o vuestra vida? Flotabais en el mar encima de un camión, como en una barca, sólo porque lo queríais lavar. ¿No creéis que hay otras posibilidades de lavarlo?

–No, no lo creemos –dice David.

–Se puede lavar a un camión en un lavadero de coches, ¿verdad? –dice el Señor Anderson.

–Sí, se puede –dicen los estudiantes.

–Siempre tenéis que pensar antes de actuar. Siempre tenéis que ocuparos de las piedras grandes primero. ¿De acuerdo?

–Sí, de acuerdo –contestan los estudiantes.

22

Kazuki works at a publishing house
Kazuki trabaja en una editorial

A

Words

1. answering machine [ˈɑːnsəriŋ məʃiːn] - contestador automático
2. at least [ət liːst] - al menos
3. close [klouz] - cerca
4. cold [kould] - frío
5. company [ˈkʌmpəni] - compañía
6. composition [ˌkɔmpəˈziʃn] - composición
7. coordination [ˌkouˌɔːdinˈeiʃn] - coordinación
8. creative [kriːˈeitiv] - creativo

9. customer [ˈkʌstəmə] - cliente
10. dark [dɑːk] - oscuridad; oscuro
11. develop [diˈveləp] - desarrollar
12. difficult [ˈdifikəlt] - difícil
13. especially [iˈspeʃəli] - especialmente
14. fish [fiʃ] - pez
15. funny [ˈfʌni] - divertido
16. future [ˈfjuːtʃə] - futuro
17. human [ˈhjuːmən] - humano
18. magazine [ˌmægəˈziːn] - revista
19. never [ˈnevə] - nunca

20. nothing [ˈnʌθiŋ] - nada
21. order [ˈɔːdə] - encargo, pedido
22. own [oun] - propio
23. possible [ˈpɔsəbl] - posible
24. profession [prəˈfeʃn] - profesión
25. rain [rein] - llover
26. record [riˈkɔːd] - grabar
27. refuse [riˈfjuːz] - rechazar
28. rule [ruːl] - regla
29. sad [sæd] - triste
30. sell [sel] - vender

31. since [sins] - desde
32. skill [skil] - habilidad
33. speak [spiːk] - hablar
34. stair [steə] - escalera
35. task [tɑːsk] - tarea
36. text [tekst] - texto
37. thought [ˈθɔːt] - pensamiento
38. turn [tɜːn] - girar
39. wait [weit] - esperar
40. walk [wɔːk] - andar

B

Kazuki works at a publishing house

Kazuki works as a young helper at the publishing house All-round. He does writing work.

"Kazuki, our firm's name is All-round," the head of the firm Mr. Peterson says, "And this means we can do any text composition and design work for any customer. We get many orders from newspapers, magazines and from other customers. All of the orders are different but we never refuse any."

Kazuki likes this job a lot because he can develop creative skills. He enjoys creative works like writing compositions and design. Since he studies design at college it is a very suitable job for his future profession.

Mr. Peterson has some new tasks for him today.

"We have some orders. You can do two of them," Mr. Peterson says, "The first order is from a telephone company. They produce telephones with answering machines. They need some funny texts for answering machines. Nothing sells better than funny things. Compose four or five texts, please."

"How long must they be?" Kazuki asks.

"They can be from five to thirty words," Mr. Peterson answers, "And the second order is from the magazine "Green world". This magazine writes about animals, birds, fish etc.

Kazuki trabaja en una editorial

Kazuki trabaja como ayudante en la editorial All-Round. Redacta textos.
–Kazuki, nuestra empresa se llama All-Round –dice el jefe de la empresa, el Señor Peterson.
–Significa que podemos inventar un texto y un diseño para cualquier cliente. Recibimos muchos encargos de periódicos, revistas y otros clientes. Todos los encargos son diferentes, pero no rechazamos ningún encargo.
A Kazuki le gusta mucho este trabajo, porque puede desarrollar habilidades creativas. Los trabajos creativos como escribir o diseñar le gustan mucho. Como estudia diseño en la universidad, es un trabajo muy adecuado para su futura profesión. Hoy, el Señor Peterson tiene algunas tareas nuevas para él.
–Tenemos varios encargos. Puedes hacer dos de ellos –dice el Señor Peterson–. El primer encargo viene de una compañía telefónica. Producen teléfonos y contestadores automáticos. Necesitan algunos textos divertidos para los contestadores. Productos graciosos es lo que mejor se vende. Compón cuatro o cinco textos, por favor.
–¿Cómo de largos deben ser? –pregunta Kazuki.
–Entre cinco y treinta palabras –responde el Señor Peterson–. El segundo encargo es de la revista Mundo Verde. Esta revista publica artículos sobre animales, sobre pájaros, peces, etc. Necesitan un texto sobre algún animal

They need a text about any home animal. It can be funny or sad, or just a story about your own animal. Do you have an animal?"

"Yes, I do. I have a cat. Its name is Favorite," Kazuki answers, "And I think I can write a story about its tricks. When must it be ready?"

"These two orders must be ready by tomorrow," Mr. Peterson answers.

"Okay. May I begin now?" Kazuki asks.

"Yes, Kazuki," Mr. Peterson says.

Kazuki brings those texts the next day. He has five texts for the answering machines. Mr. Peterson reads them:

1. "Hi. Now you say something."

2. "Hello. I am an answering machine. And what are you?"

3. "Hi. Nobody is at home now but my answering machine is. So you can talk to it instead of me. Wait for the beep."

4. "This is not an answering machine. This is a thought-recording machine. After the beep, think about your name, your reason for calling and a number which I can call you back. And I will think about calling you back."

5. "Speak after the beep! You have the right to be silent. I will record and use everything you say."

"It is not bad. And what about animals?" Mr. Peterson asks. Kazuki gives him another sheet of paper. Mr. Peterson reads:

Some rules for cats

Walking:

As often as possible, run quickly and as close as possible in front of a human, especially: on stairs, when they have something on their hands, in the dark, and when they get up in the morning. This will train their coordination.

In bed:

Always sleep on a human at night. So he or she cannot turn in the bed. Try to lie on his or her face. Make sure that your tail is right on their nose.

Sleeping:

To have a lot of energy for playing, a cat must sleep a lot (at least 16 hours per day). It is not

doméstico. Puede ser divertido o triste o simplemente una historia de tu propio animal. ¿Tienes un animal en casa?

–Sí, tengo un gato. Se llama Favorite –contesta Kazuki–. Creo que puedo escribir una historia sobre sus astucias. ¿Cuándo quiere que entregue los textos?

–Estos dos encargos deben estar listos mañana –responde el Señor Peterson.

–Bien. ¿Puedo empezar? –pregunta Kazuki.

–Sí –dice el Señor Peterson.

Kazuki entrega los textos al día siguiente. Tiene cinco textos para el contestador. El Señor Peterson los lee:

1. Hola. Ahora te toca a ti decir algo.

2. Hola. Soy un contestador. ¿Y tú qué eres?

3. Hola. No hay nadie en casa salvo mi contestador. Puedes hablar con él. Espera la señal.

4. Esto no es un contestador. Es una máquina de grabación de pensamientos. Después de la señal, piensa en tu nombre, en la razón por la que llamas, y en tu número para que pueda devolver la llamada. Y después yo voy a pensar si te llamo o no.

5. ¡Hable después de la señal! Tiene el derecho de permanecer en silencio. Cualquier cosa que diga será grabada y usada.

–No está mal. ¿Y el texto sobre animales? –pregunta el Señor Peterson. Kazuki le da otra hoja. El Señor Peterson lee:

Algunas reglas para gatos

Correr:

Tantas veces como sea posible, pasa corriendo justo al lado de un humano, especialmente: en escaleras, cuando tienen algo en sus manos, en la oscuridad, y por las mañanas cuando se levantan. Esto entrenará su coordinación.

En la cama:

Por las noches siempre duerme encima del humano, para que no se pueda girar. Intenta dormir encima de su cara. Asegúrate que tu cola esté justo encima de su nariz.

Dormir:

Para tener energía suficiente para jugar, un gato debe dormir mucho (al menos dieciséis horas diarias). No es difícil encontrar un lugar

difficult to find a suitable place to sleep. Any place where a human likes to sit is good. There are good places outdoors too. But you cannot use them when it rains or when it is cold. You can use open windows instead.

Mr. Peterson laughs.

"Good work, Kazuki! I think the magazine "Green world" will like your composition," he says.

adecuado para dormirse. Puedes usar cualquier lugar donde les gusta sentarse a los humanos. Fuera también hay muchos buenos lugares, pero no los debes usar cuando llueve o hace frío. En este caso puedes usar la ventana.

El Señor Peterson se ríe y dice: —¡Buen trabajo, Kazuki! Creo que tu esbozo le gustará a la revista Mundo Verde.

23

Cat rules
Reglas para gatos

Words

1. although [ɔːlˈðou] - aunque
2. between [biˈtwiːn] - entre
3. bite [bait] - morder
4. chance [tʃɑːns] - posibilidad
5. copybook [ˈkɔpibuk] - cuaderno
6. food [fuːd] - comida
7. forget [fəˈget] - olvidar
8. half [hɑːf] - mitad
9. hide [haid] - esconder
10. hiding place [ˈhaidiŋ ˈpleis] - escondite
11. homework [ˈhoumwɜːk] - deberes
12. keyboard [ˈkiːbɔːd] - teclado
13. kiss [kis] - besar
14. leg [leg] - pierna
15. look [luk] - mirar
16. love [ˈlʌv] - querer, amar
17. mosquito [məˈskiːtou] - mosquito
18. mystery [ˈmistəri] - misterio
19. panic [ˈpænik] - pánico
20. pen [pen] - bolígrafo
21. planet [ˈplænit] - planeta
22. plate [pleit] - plato
23. rub [rʌb] - frotar(se)
24. run away [rʌn əˈwei] - escaparse

25. school [skuːl] - escuela, colegio
26. season [ˈsiːzn] - temporada
27. secret [ˈsiːkrit] - secreto
28. steal [stiːl] - robar
29. step on [step ɔn] - pisar
30. strange [streindʒ] - raro

31. take over [teik ˈouvə] - tomar el control de
32. tasty [ˈteisti] - rico
33. toilet [ˈtɔilit] - cuarto de baño
34. total [ˈtoutl] - total
35. wonderful [ˈwʌndəfəl] - maravilloso

 B

Cat rules

"The magazine "Green world" places a new order," Mr. Peterson says to Kazuki next day, "And this order is for you, Kazuki. They like your composition and they want a bigger text about "Cat rules".
It takes Kazuki two days to compose this text. Here it is.

Some secret rules for cats

Although cats are the best and the most wonderful animals on this planet, they sometimes do very strange things. One of the humans managed to steal some cat secrets. They are some rules of life in order to take over the world! But how these rules will help cats is still a total mystery to the humans.
Bathrooms:
Always go with guests to the bathroom and to the toilet. You do not need to do anything. Just sit, look and sometimes rub their legs.
Doors:
All doors must be open. To get a door opened, stand looking sad at humans. When they open a door, you need not go through it. After you open in this way the outside door, stand in the door and think about something. This is especially important when the weather is very cold, or when it is a rainy day, or when it is the mosquito season.
Cooking:
Always sit just behind the right foot of cooking humans. So they cannot see you and you have a better chance that a human steps on you. When it happens, they take you in their hands

Reglas para gatos

–La revista Mundo Verde nos ha enviado un nuevo encargo –le dice el Señor Peterson a Kazuki al día siguiente–. Y este encargo está dirigido a ti. Les ha gustado tu esbozo y quieren un texto más largo sobre las reglas para gatos. Kazuki necesita dos días para terminar este texto. Aquí lo tenéis:

Algunas reglas secretas para gatos

A pesar de que los gatos son los animales más buenos y más maravillosos en este planeta, a veces hacen cosas muy raras. Un humano ha conseguido robar algunos de estos secretos para gatos. ¡Son reglas de vida para conseguir la hegemonía mundial! Lo que no queda claro es cómo estas reglas ayudarán a los gatos a conseguirla.
En el baño:
Siempre ve al baño y al servicio con los invitados. No tienes que hacer nada. Simplemente siéntate, míralos y frótate en sus piernas de vez en cuando.
Puertas:
Todas las puertas deben estar abiertas. Para abrirlas, siéntate delante de un humano y mírale con una cara triste. Cuando el humano te abre una puerta, no tienes que cruzarla. Si has logrado abrir la puerta de casa de esta manera, quédate en la puerta y pon una cara pensativa. Esto es especialmente importante si hace mucho frío, si llueve o si es temporada de mosquitos.
En la cocina:
Siéntate siempre detrás del pie derecho de un humano que está cocinando. Así no te podrá ver y hay más posibilidad de que te pise. Si esto pasa, te cogerá en los brazos y te dará algo rico de comer.

and give something tasty to eat.

Reading books:

Try to get closer to the face of a reading human, between eyes and the book. The best is to lie on the book.

Children's school homework: Lie on books and copy-books and pretend to sleep. But from time to time jump on the pen. Bite if a child tries to take you away from the table.

Computer:

If a human works with a computer, jump up on the desk and walk over the keyboard.

Food:

Cats need to eat a lot. But eating is only half of the fun. The other half is getting the food. When humans eat, put your tail in their plate when they do not look. It will give you a better chance to get a full plate of food. Never eat from your own plate if you can take some food from the table. Never drink from your own water plate if you can drink from a human's cup.

Hiding:

Hide in places where humans cannot find you for a few days. This will make humans panic (which they love) thinking that you ran away. When you come out of the hiding place, the humans will kiss you and show their love. And you may get something tasty.

Humans:

Tasks of humans are to feed us, to play with us, and to clean our box. It is important that they do not forget who the head of the house is.

Al leer:

Intenta acercarte lo máximo a la cara de la persona que está leyendo, justo entre sus ojos y el libro. Lo mejor es estirarse encima del libro.

Deberes de los niños:

Estírate encima de los libros y cuadernos y pretende estar dormido. De vez en cuando caza el bolígrafo. En el caso de que el niño intente echarte de la mesa, puedes morderle.

Ordenador:

Si un humano trabaja con el ordenador, salta encima de la mesa y camina sobre el teclado.

Comida:

Los gatos necesitan comer mucho. Pero conseguir la comida es igual de divertido que comer. Si ves a un humano comiendo, pon tu cola en su plato cuando no esté mirando. Así tienes más posibilidades de conseguir un plato entero de comida. Nunca comas de tu propio plato si puedes coger comida de la mesa. Nunca bebas de tu bol cuando puedas beber de la taza de un humano.

Escondites:

Escóndete en lugares donde los humanos no te podrán encontrar durante varios días. Eso les causará pánico (una sensación que les encanta), porque pensarán que te has escapado. Cuando sales de tu escondite, te besarán y te mostrarán su afecto. Y quizá te darán algo rico para comer.

Humanos:

La tarea de los humanos es alimentarnos, jugar con nosotros y limpiar nuestra arena. Es importante que no olviden quién es el amo de la casa.

24

Team work
Trabajo de equipo

A

Words

1. against [əˈgenst] - contra
2. alien [ˈeiliən] - extraterrestre
3. beautiful [ˈbjuːtəfl] - hermoso
4. begin [biˈgin] - empezar
5. billion [ˈbiliən] - mil millones
6. boy [ˌbɔi] - chico
7. captain [ˈkæptin] - capitán
8. central [ˈsentrəl] - central
9. colleague [ˈkɔliːg] - colega
10. continue [kənˈtinjuː] - continuar
11. dance [dɑːns] - bailar
12. destroy [diˈstroi] - distruir
13. die [dai] - morir
14. during [ˈdjuəriŋ] - durante
15. engine [ˈendʒin] - motor
16. fall [fɔːl] - caer
17. floor [flɔː] - suelo
18. flower [ˈflauə] - flor
19. fly away [flai əˈwei] - irse volando
20. garden [ˈgɑːdn] - jardín
21. girl [gɜːl] - chica
22. give up [giv ʌp] - rendirse
23. happy [ˈhæpi] - feliz
24. head [hed] - cabeza
25. hit [hit] - atacar
26. inform [inˈfɔːm] - informar
27. kill [kil] - matar
28. laser [ˈleizə] - láser
29. move [muːv] - moverse
30. over [ˈouvə] - acabado
31. point [pɔint] - apuntar
32. radar [ˈreidɑː] - radar
33. radio [ˈreidiou] - radio
34. remember [riˈmembə] - recordar

35. second [ˈsekənd] - segundo
36. serial [ˈsiəriəl] - serie
37. shake [ʃeik] - sacudir
38. silly [ˈsili] - tonto
39. simple [ˈsimpl] - fácil
40. smile [smail] - sonrisa
41. sorry [ˈsɔri] - arrepentido
42. space [speis] - espacio
43. spaceship [ˈspeis ʃip] - nave espacial
44. start [stɑːt] - comenzar
45. switch on [switʃ ɔn] - encender
46. take part [teik pɑːt] - participar
47. talk to [ˈtɔːk tuː] - hablar con

48. team [tiːm] - equipo
49. team work [tiːm ˈwɜːk] - trabajo de equipo
50. television [ˈteliˌviʒn] - televisión
51. think [ˈθiŋk] - pensar
52. thousand [ˈθauznd] - mil
53. try [ˈtrai] - intentar
54. TV-set [ˌtiːˈviːset] - televisión
55. until [ʌnˈtil] - hasta
56. voice [vɔis] - voz
57. why [wai] - por qué
58. write [ˈrait] - escribir

B

Team work

David wants to be a journalist. He studies at a college. He has a composition lesson today. Mr. Anderson teaches students to write composition.

"Dear friends," he says, "some of you will work for publishing houses, newspapers or magazines, the radio or television. This means you will work in a team. Working in a team is not simple. Now I want that you try to make a journalistic composition in a team. I need a boy and a girl."

Many students want to take part in the team work. Mr. Anderson chooses David and Silvia. Silvia is from Spain but she can speak English very well.

"Please, sit at this table. Now you are colleagues," Mr. Peterson says to them, "You will write a short composition. Either of you will begin the composition and then give it to your colleague. Your colleague will read the composition and continue it. Then your colleague will give it back and the first one will read and continue it. And so on until your time is over. I give you twenty minutes."

Mr. Peterson gives them paper and Silvia begins. She thinks a little and then writes.

Trabajo de equipo

David quiere ser periodista. Estudia en la universidad. Hoy tiene una clase sobre como redactar textos. El Señor Anderson les enseña a los estudiantes a escribir artículos.

–Estimados amigos –dice– algunos de vosotros trabajaréis para editoriales, periódicos, revistas, la radio o la televisión. Significa que trabajaréis en grupo. No es fácil trabajar en un equipo. Quiero que ahora intentéis escribir un texto periodístico en grupo. Necesito a un chico y a una chica.

Muchos estudiantes quieren participar en el ejercicio. El Señor Anderson escoge a David y a Silvia. Silvia es de España, pero habla muy bien el inglés.

–Sentaos en esta mesa, por favor. Ahora sois compañeros de trabajo –les dice el Señor Anderson–. Escribiréis un texto corto. Uno de vosotros empieza a escribir y después pasa el texto a su compañero. El compañero lo lee y lo continúa. Después lo devuelve, la primera persona vuelve a leerlo y lo continúa. Y así hasta que se termine el tiempo. Tenéis veinte minutos.

El Señor Anderson les da hojas y Silvia comienza. Piensa un poco y empieza a escribir.

Team composition

Silvia:

Julia looked through the window. The flowers in her garden moved in the wind as if dancing. She remembered that evening when she danced with Billy. It was a year ago but she remembered everything - his blue eyes, his smile and his voice. It was a happy time for her but it was over now. Why was not he with her?

David:

At this moment space captain Billy Brisk was at the spaceship White Star. He had an important task and he did not have time to think about that silly girl who he danced with a year ago. He quickly pointed the lasers of White Star at alien spaceships. Then he switched on the radio and talked to the aliens: "I give you an hour to give up. If in one hour you do not give up I will destroy you." But before he finished an alien laser hit the left engine of the White Star. Billy's laser began to hit alien spaceships and at the same time he switched on the central and the right engines. The alien laser destroyed the working right engine and the White Star shook badly. Billy fell on the floor thinking during the fall which of the alien spaceships he must destroy first.

Silvia:

But he hit his head on the metal floor and died at the same moment. But before he died he remembered the poor beautiful girl who loved him and he was very sorry that he went away from her. Soon people stopped this silly war on poor aliens. They destroyed all of their own spaceships and lasers and informed the aliens that people would never start a war against them again. People said that they wanted to be friends with the aliens. Julia was very glad when she heard about it. Then she switched on the TV-set and continued to watch a wonderful German series.

David:

Because people destroyed their own radars and lasers, nobody knew that spaceships of aliens came very close to the Earth. Thousands of

---

Trabajo en equipo

Silvia:

Julia miraba por la ventana. Las flores en su jardín se movían en el viento, como si bailaran. Se acordaba de aquella tarde, en la que había bailado con Billy. Había sido hace un año, pero lo recordaba todo – sus ojos azules, su sonrisa, su voz. Para ella había sido una época muy feliz, pero ahora todo era diferente. ¿Por qué no estaba con ella?

David:

En este instante el capitán Billy Brisk estaba en su nave espacial White Star. Tenía una misión importante y no tenía tiempo de pensar en esta chica tonta con la que había bailado hace un año. Rápidamente apuntó el láser de su nave White Star a las naves de los extraterrestres. Después encendió la radio y les dijo a los extraterrestres: –Tenéis una hora para rendiros. Si no os dais por vencidos en menos de una hora, os destruiré.

Justo antes de que pudiera terminar su discurso, un láser de los extraterrestres impactó en el motor izquierdo de la White Star. Con el láser Billy comenzó a disparar a las naves extraterrestres y al mismo tiempo encendió el motor principal y el motor derecho. El láser de los extraterrestres destruyó el motor activo derecho y el impacto sacudió la White Star. Billy cayó al suelo, pensando en qué nave extraterrestre debía destruir primero.

Silvia:

Pero se golpeó la cabeza en el suelo metálico y murió en el instante. Justo antes de morir pensó en la pobre chica que era tan bonita y que le quería, y le dolió mucho haberla dejado. Poco después, los humanos terminaron esta guerra absurda contra los pobres extraterrestres. Destruyeron todas sus naves espaciales y todos los láseres, y comunicaron a los extraterrestres que los humanos nunca más llevarían una guerra contra ellos. Los humanos decían que querían hacerse amigos de los extraterrestres. Julia estaba muy contenta cuando escuchó la noticia. Después encendió la televisión y siguió mirando una fantástica serie alemana.

David:

Dado que los humanos habían destruido sus radares y láseres, nadie podía saber que las

aliens' lasers hit the Earth and killed poor silly Julia and five billion people in a second. The Earth was destroyed and its turning parts flew away in space.

"I see you came to the finish before your time is over," Mr. Peterson smiled, "Well, the lesson is over. Let us read and speak about this team composition during the next lesson."

naves de los extraterrestres se acercaban mucho a la tierra. Miles de láseres de los extraterrestres impactaron en la tierra y mataron a la pobre y hermosa Julia y a cinco billones de otras personas en un segundo. La tierra quedó destruida y sus partes volaron por todo el universo.

–Veo que habéis terminado el texto antes de que se acabara el tiempo –dice el Señor Anderson sonriendo–. Bien, terminamos la clase. La próxima vez leeremos este trabajo de equipo y lo comentaremos.

25

Jorge and David are looking for a new job
Jorge y David están buscando un nuevo trabajo

A

Words

1. advert, ad [ˈædvɜːt, æd] - anuncio
2. artist [ˈɑːtist] - artista
3. bother [ˈbɔðə] - molestar
4. catch [kætʃ] - coger, agarrar
5. control [kənˈtroul] - controlar
6. customer [ˈkʌstəmə] - cliente
7. dirty [ˈdɜːti] - sucio
8. dislike [disˈlaik] - tener aversión a
9. doctor [ˈdɔktə] - médico
10. dream [driːm] - soñar
11. engineer [ˌendʒiˈniə] - ingeniero
12. estimate [ˈestimeit] - cálculo aproximado
13. farmer [ˈfɑːmə] - granjero
14. find [faind] - encontrar
15. for free [fə friː] - gratuito
16. gift [gift] - talento
17. idea [aiˈdiə] - idea
18. inside [inˈsaid] - dentro
19. job consultancy [dʒɔb kənˈsʌltənsi] - agencia de empleo
20. kind [kaind] - tipo
21. kitten [ˈkitn] - gatito
22. know [nou] - saber, conocer
23. leader [ˈliːdə] - lider
24. method [ˈmeθəd] - método
25. mind [maind] - sentirse molesto por
26. monotonous [məˈnɔtənəs] - monótono
27. nature [ˈneitʃə] - naturaleza
28. neighbor [ˈneibə] - vecino
29. outside [ˌautˈsaid] - fuera
30. personnel [ˌpɜːsəˈnel] - personal
31. pet [pet] - animal doméstico
32. programmer [ˈprouɡræmə] - programador
33. puppy [ˈpʌpi] - cachorro

34. questionnaire [ˌkwestʃəˈneə] - cuestionario
35. rat [ræt] - rata
36. recommendation [ˌrekəmenˈdeiʃn] - recomendación
37. serve [sɜːv] - atender
38. singer [ˈsiŋə] - cantante

39. spaniel [ˈspæniəl] - spaniel
40. teacher [ˈtiːtʃə] - maestro
41. translator [trænzˈleitə] - traductor
42. travel [ˈtrævl] - viajar
43. work [ˈwɜːk] - trabajo
44. writer [ˈraitə] - escritor

 B

Jorge and David are looking for a new job

Jorge and David are at David's home. David is cleaning the table after breakfast and Jorge is reading adverts and ads in a newspaper. He is reading the rubric "Animals". David's sister Mary is in the room too. She is trying to catch the cat hiding under the bed.

"There are so many pets for free in the newspaper. I think I will choose a cat or a dog. David, what do you think?" Jorge asks.

"Mary, do not bother the cat!" David says angrily, "Well Jorge, it is not a bad idea. Your pet will always wait for you at home and will be so happy when you come back home and give some food. And do not forget that you will have to walk with your pet in mornings and evenings or clean its box. Sometimes you will have to clean the floor or take your pet to a vet. So think carefully before you get an animal."

"Well, there are some ads here. Listen," Jorge says and begins to read aloud:

"Found dirty white dog, looks like a rat. It may live outside for a long time. I will give it away for money."

Here is one more:

"Russian dog, speaks Russian. Give away for free. And free puppies half spaniel half sly neighbor's dog,"

Jorge looks at David, "How can a dog speak Russian?"

"A dog may understand Russian. Can you understand Russian?" David asks smiling.

Jorge y David están buscando un nuevo trabajo

Jorge y David están en la casa de David. Después del desayuno, David está limpiando la mesa y Jorge está leyendo anuncios en el periódico. Está leyendo el apartado sobre animales. Mary, la hermana de David, también está en la habitación. Intenta coger al gato que se esconde debajo de la cama.

–En el periódico hay tantos anuncios de animales gratuitos. Creo que escogeré a algún gato o perro. David, ¿qué piensas? –pregunta Jorge.

–Mary, ¡deja de molestar al gato! –dice David enfadado–. Bueno, Jorge, no es mala idea. Un animal doméstico siempre te espera en casa y se pondrá muy contento cuando llegas y le das algo de comer. Pero no te olvides que por las mañanas y por las noches tendrás que sacarlo a pasear o tendrás que limpiar su caja. A veces tendrás que limpiar el suelo o llevar a tu mascota al veterinario. Así que piénsatelo bien antes de acoger a un animal.

–Bueno, aquí hay algunos anuncios. Escucha –dice Jorge y comienza a leer en voz alta– Se ha encontrado un perro blanco y sucio, se parece a una rata. Puede que haya vivido mucho tiempo en la calle. Lo vendo.

Y aquí otra: –Perro ruso, habla ruso. Lo regalo. También regalo cachorros gratis, son mitad spaniel mitad perro astuto del vecino. Jorge le mira a David: –¿Cómo puede un perro hablar ruso?

–Un perro puede entender ruso. ¿Entiendes ruso? –pregunta David con una sonrisa.

"I cannot understand Russian. Listen, here is one more ad:

"Give away free farm kittens. Ready to eat. They will eat anything,"

Jorge turns the newspaper, "Well, I think pets can wait. I will better look for a job," he finds the rubric about jobs and reads aloud,

"Are you looking for a suitable job? The job consultancy "Suitable personnel" can help you. Our consultants will estimate your personal gifts and will give you a recommendation about the most suitable profession."

Jorge looks up and says: "David what do you think?"

"The best job for you is washing a truck in the sea and let it float," Mary says and quickly runs out of the room.

"It is not a bad idea. Let's go now," David answers and takes carefully the cat out of the kettle, where Mary put the animal a minute ago.

Jorge and David arrive to the job consultancy "Suitable personnel" by their bikes. There is no queue, so they go inside. There are two women there. One of them is speaking on the telephone. Another woman is writing something. She asks Jorge and David to take seats. Her name is Mrs. Black. She asks them their names and their age.

"Well, let me explain the method which we use. Look, there are five kinds of professions.

1. The first kind is man - nature. Professions: farmer, zoo worker etc.

2. The second kind is man - machine. Professions: pilot, taxi driver, truck driver etc.

3. The third kind is man - man. Professions: doctor, teacher, journalist etc.

4. The fourth kind is man - computer. Professions: translator, engineer, programmer etc.

5. The fifth kind is man - art. Professions: writer, artist, singer etc.

We give recommendations about a suitable profession only when we learn about you more. First let me estimate your personal gifts. I must know what you like and what you dislike. Then we will know which kind of profession is the

—No entiendo ruso. Aquí hay otro anuncio, escucha: Regalo gatitos de una granja. Lactancia terminada, pueden comer de todo. Jorge pasa la página. —Bueno, creo que los animales pueden esperar. Mejor que busque un trabajo. Encuentra las ofertas de empleo y empieza a leer en voz alta:

—¿Está buscando un trabajo que se adecue a su perfil? La agencia de empleo «Suitable personnel» le puede ayudarte. Nuestros asesores valorarán sus talentos personales y le recomendarán la profesión más adecuada para usted.

Jorge levanta la mirada y dice: —¿Qué opinas, David?

—El mejor trabajo para vosotros es lavar camiones en el mar y dejar que se vayan flotando —dice Mary y sale corriendo rápidamente de la habitación.

—No es mala idea. Vayamos ahora —responde David y saca al gato de un pote donde lo había metido Mary justo antes.

Jorge y David van en bicicleta a la agencia de empleo «Suitable personnel». No hay cola y entran directamente. Hay dos mujeres. Una está hablando por teléfono. La otra está escribiendo. Les invita a sentarse. La mujer se llama Señora Black. Les pregunta sus nombres y su edad.

—Bien, os voy a explicar el método que usamos. Hay cinco categorías de trabajos:

1. La primera es hombre-naturaleza. Profesiones: granjero, cuidador de animales, etc.

2. La segunda es hombre-máquina. Profesiones: piloto, taxista, camionero, etc.

3. La tercera es hombre-hombre. Profesiones: médico, maestro, periodista, etc.

4. La cuarta es hombre-ordenador. Profesiones: traductor, ingeniero, programador, etc.

5. La quinta es hombre-arte. Profesiones: escritor, artista, cantante, etc.

No recomendamos profesiones adecuadas hasta que os conozcamos un poco mejor. Primero valoraré vuestros talentos personales. Tengo que saber qué os gusta y qué no os gusta. Después sabremos qué

88

most suitable for you. Please, fill up the questionnaire now," Mrs. Black says and gives them the questionnaires. David and Jorge fill up the questionnaires.

Questionnaire

Name: David Smith
Control machines - I do not mind
Speak with people - I like
Serve customers - I do not mind
Drive cars, trucks - I like
Work inside - I like
Work outside - I like
Remember a lot - I do not mind
Travel - I like
Estimate, check - I hate
Dirty work - I do not mind
Monotonous work - I hate
Hard work - I do not mind
Be a leader - I do not mind
Work in a team - I do not mind
Dream while working - I like
Train - I do not mind
Do creative work - I like
Work with texts - I like

Questionnaire

Name: Jorge Fernández
Control machines - I do not mind
Speak with people - I like
Serve customers - I do not mind
Drive cars, trucks - I do not mind
Work inside - I like
Work outside - I like
Remember a lot - I do not mind
Travel - I like
Estimate, check - I do not mind
Dirty work - I do not mind
Monotonous work - I hate
Hard work - I do not mind
Be a leader - I hate
Work in a team - I like
Dream while working - I like
Train - I do not mind
Do creative work - I like
Work with texts - I like

profesión es la más adecuada para vosotros. Por favor, rellenad el cuestionario –dice la Señora Black y les da los cuestionarios. David y Jorge rellenan los cuestionarios.

Cuestionario

Nombre: David Smith
Supervisar máquinas - No me molesta
Hablar con gente - Me gusta
Atención al cliente - No me molesta
Conducir coches y/o camiones - Me gusta
Trabajar en la oficina - Me gusta
Trabajar al aire libre - Me gusta
Memorizar - No me molesta
Viajar - Me gusta
Evaluar, verificar - Lo odio
Trabajos sucios - No me molesta
Trabajos monótonos - Lo odio
Trabajos duros - No me molesta
Liderazgo - No me molesta
Trabajar en equipo - No me molesta
Soñar despierto durante el trabajo - Me gusta
Entrenamiento - No me molesta
Trabajos creativos - Me gusta
Trabajar con textos - Me gusta

Cuestionario

Nombre: Jorge Fernández
Supervisar máquinas - No me molesta
Hablar con gente - Me gusta
Atención al cliente - No me molesta
Conducir coches y/o camiones - No me molesta
Trabajar en la oficina - Me gusta
Trabajar al aire libre - Me gusta
Memorizar - No me molesta
Viajar - Me gusta
Evaluar, verificar - No me molesta
Trabajos sucios - No me molesta
Trabajos monótonos - Lo odio
Trabajos duros - No me molesta
Liderazgo - Lo odio
Trabajar en equipo - Me gusta
Soñar despierto durante el trabajo - Me gusta
Entrenamiento - No me molesta
Trabajos creativos - Me gusta
Trabajar con textos - Me gusta

26

Applying to London News
Solicitar un empleo en "London News"

A

Words

1. address [əˈdres] - dirección
2. agree [əˈgriː] - estar de acuerdo
3. apply [əˈplai] - presentarse
4. asterisk [ˈæstərisk] - asterisco
5. blank [blæŋk] - en blanco
6. criminal [ˈkriminl] - criminal
7. editor [ˈeditə] - editor
8. education [ˌedʒuˈkeiʃn] - formación
9. family status [ˈfæməli ˈsteitəs] - estado civil
10. field [fiːld] - campo
11. first [ˈfɜːst] - primero
12. fluently [ˈfluːəntli] - con fluidez
13. form [ˈfɔːm] - formulario
14. goodbye [ˌgudˈbai] - adiós
15. last [lɑːst] - último
16. middle [ˈmidl] - medio
17. nationality [ˌnæʃəˈnæliti] - nacionalidad
18. police patrol [pəˈliːs pəˈtroul] - patrulla policial
19. sex [seks] - sexo
20. underline [ˌʌndəˈlain] - subrayar

B

Applying to London News

Mrs. Black estimated David's and Jorge's answers in the questionnaires. When she learned about their personal gifts she could give them some recommendations about suitable professions. She said that the third profession kind is the most suitable for them. They could work as a doctor, a teacher or a journalist etc. Mrs. Black recommended them to apply for a job with the newspaper London News. They gave a part time job to students who could compose police reports for the criminal rubric. So Jorge and David arrived at the personnel department of the newspaper London News and applied for this job.

"We have been to the job consultancy "Suitable personnel" today," David said to Miss Slim, who was the head of the personnel department, "They have recommended us to apply to your newspaper."

"Well, have you worked as a reporter before?" Miss Slim asked.

"No, we have not," David answered.

"Please, fill up these personal information forms," Miss Slim said and gave them two forms. Jorge and David filled up the personal information forms.

Personal information form

You must fill up fields with asterisk *. You can leave other fields blank.

First name* - David
Last name* - Smith
Sex* (underline) - <u>Male</u> Female
Age* - Twenty years old
Nationality* - English
Family status (underline) - <u>Single</u> Married
Address* - Queen street 11, London
Education - I study journalism in the third year at the university
Where have you worked before? - I worked for two months as a farm worker

Solicitar un empleo en «London News»

La Señora Black evaluó las respuestas en los cuestionarios de Jorge y David. Conociendo sus talentos personales, les podía recomendar profesiones adecuadas. Decía que la tercera categoría profesional era la más adecuada para ellos. Podrían trabajar como médico, maestro o periodista. La Señora Black les recomendaba presentar su solicitud de trabajo al periódico «London News». Allí ofrecían un trabajo a tiempo parcial para estudiantes que consistía en redactar informes policiales para la columna «Crímenes». Así Jorge y David fueron al departamento de recursos humanos del periódico «London News» y solicitaron trabajo.

–Venimos de la agencia de empleo «Suitable personnel» –dijo David a la Señora Slim, la jefa del departamento de recursos humanos–. Nos recomendaron presentar el curriculum aquí.

–¿Alguna vez habéis trabajado como periodistas? –les preguntó la Señora Slim.

–No –le contestó David.

–Por favor, rellenad este formulario con vuestros datos personales –les dijo la Señora Slim y les dio dos formularios. Jorge y David los rellenaron.

Datos personales

Los campos marcados con * son obligatorios. Los demás campos son opcionales.

Nombre(s)* - David
Apellidos* - Smith
Sexo* (subraye) - <u>Hombre</u> Mujer
Edad* - veinte años
Nacionalidad* - inglés
Estado Civil (subraye) - <u>soltero</u> casado
Dirección* - Queen Street 11, London
Formación - En el tercer curso de la carrera de periodismo en la universidad
¿Dónde ha trabajado antes? - Trabajé en una granja durante dos meses.
¿Qué experiencia y qué habilidades tiene? -

What experience and skills have you had? - I can drive a car, a truck and I can use a computer
Languages* 0 - no, 10 - fluently - English - 10, Spanish – 8
Driving license* (underline) - No <u>Yes</u> Kind: BC, I can drive trucks
You need a job* (underline) - Full time <u>Part time</u>: 15 hours a week
You want to earn - fifteen pounds per hour

Personal information form

You must fill up fields with asterisk *. You can leave other fields blank.

First name* - Jorge
Last name* - Fernández
Sex* (underline) - <u>Male</u> Female
Age* - Twenty-one years old
Nationality* - Spanish
Family status (underline) - <u>Single</u> Married
Address* - Room 218, student dorms, College street 5, London
Education - I study computer design in the second year at a college
Where have you worked before? - I worked for two months as a farm worker
What experience and skills have you had? - I can use a computer
Languages* 0 - no, 10 - fluently - Spanish - 10, English - 8
Driving license* (underline) - <u>No</u> Yes
You need a job* (underline) - Full time <u>Part time</u>: fifteen hours a week
You want to earn - fifteen pounds per hour

Miss Slim took their personal information forms to the editor of London News.
"The editor has agreed," Miss Slim said when she came back, "You will accompany a police patrol and then compose reports for the criminal rubric. A police car will come tomorrow at seventeen o'clock to take you. Be here at this time, will you?"
"Sure," Jorge answered.
"Yes, we will," David said, "Goodbye."
"Goodbye," Miss Slim answered.

Carné de conducir para coches y camiones, conocimientos informáticos.
Idiomas (0 - no, 10 – fluido) - inglés (10), español (8)*
Permiso de conducir (subraye) - No <u>Si</u> Clases: B y C Puedo conducir camiones.*
Jornada de trabajo (subraye) - A tiempo completo <u>Media jornada</u>: 15 horas semanales*
Expectativas salariales - 15 libras por hora

Datos personales

*Los campos marcados con * son obligatorios. Los demás campos son opcionales.*

Nombre(s) - Jorge*
Apellidos - Fernández*
Sexo (subraye) - <u>Hombre</u> Mujer*
Edad - veintiún años*
Nacionalidad - español*
Estado Civil (subraye) - <u>soltero</u> casado
Dirección - habitación 218, residencia de estudiantes, College street 5, Londres*
Formación - En el segundo curso de la carrera de diseño informático en la universidad
¿Dónde ha trabajado antes? - Trabajé en una granja durante dos meses.
¿Qué experiencia y qué habilidades tiene? - Conocimientos informáticos.
Idiomas (0 - no, 10 – fluido) - Español (10), inglés (8)*
Permiso de conducir (subraye) - <u>No</u> Si*
Jornada de trabajo (subraye) - A tiempo completo <u>Media jornada</u> - 15 horas semanales*
Expectativas salariales - 15 libras por hora

La Señora Slim llevó los formularios con sus datos personales al editor de «London News».
—El editor está de acuerdo —dijo la Señora Slim al volver—. Acompañaréis una patrulla de policía y escribiréis artículos para la columna de crímenes. Mañana a las cinco os recogerá un coche de policía. Sed puntuales, ¿vale?
—Por supuesto —contestó Jorge.
—Seremos puntuales —dijo David—. Adiós.
—Adiós —respondió la Señora Slim.

27

The police patrol (part 1)
La patrulla de policía (parte 1)

A

Words

1. accompany [əˈkʌmpəni] - acompañar
2. afraid [əˈfreid] - tener miedo
3. alarm [əˈlɑːm] - alarma
4. attention [əˈtenʃn] - atención
5. bag [bæg] - bolso
6. bark [bɑːk] - ladrar
7. damn it [dæm it] - maldita sea
8. dress [dres] - vestido
9. dry [drai] - secar
10. fast [fɑːst] - rápido
11. fasten [ˈfɑːsn] - abrochar
12. fox [fɔks] - zorro
13. gun [gʌn] - arma
14. handcuffs [ˈhændkʌfs] - esposas
15. hat [hæt] - sombrero
16. high [hai] - alto
17. howl [haul] - aullar, chillar
18. hundred [ˈhʌndrəd] - cien
19. key [kiː] - llave
20. look around [luk əˈraund] - mirar alrededor
21. microphone, mic [ˈmaikrəfoun, ˈmik] - micrófono
22. patrol [pəˈtroul] - patrullar
23. police station [pəˈliːs ˈsteiʃn] - comisaría
24. policeman [pəˈliːsmən] - policía
25. pretend [priˈtend] - pretender, fingir
26. price [prais] - precio
27. pursuit [pəˈsjuːt] - persecución
28. robbery [ˈrɔbəri] - robo
29. rush [rʌʃ] - ir deprisa
30. seat belt [siːt belt] - cinturón de seguridad
31. sergeant [ˈsɑːdʒənt] - sargento
32. shake hands [ʃeik hændz] - darse la mano
33. shop window [ʃɔp ˈwindou] - escaparate
34. siren [ˈsaiərən] - sirena
35. speed [spiːd] - ir a exceso de velocidad; velocidad

36. thief, thieves [θiːf, θiːvz] - ladron, ladrones
37. ticket ['tikit] - multa

38. what's the matter ['wɔts ðə 'mætə] - qué pasa

B

The police patrol
(part 1)

La patrulla de policía
(parte 1)

Jorge and David arrived at the building of the newspaper "London News" at seventeen o'clock next day. The police car was waiting for them already. A policeman got out of the car.
"Hello. I am sergeant Tom Murphy," he said when David and Jorge came to the car.
"Hello. Glad to meet you. My name is Jorge. We must accompany you," Jorge answered
"Hello. I am David. Were you waiting long for us?" David asked.
"No. I have just arrived here. Let us get into the car. We begin city patrolling now," the policeman said. They all got into the police car.
"Are you accompanying a police patrol for the first time?" sergeant Murphy asked starting the engine.
"We have never accompanied a police patrol before," David answered.
At this moment the police radio began to talk: "Attention P11 and P07! A blue car is speeding along College street."
"P07 got it," sergeant Murphy said in the microphone. Then he said to the boys: "The number of our car is P07." A big blue car rushed past them with very high speed. Tom Murphy took the mic again and said: "P07 is speaking. I see the speeding blue car. Begin pursuit," then he said to the boys, "Fasten your seat belts." The police car started quickly. The sergeant stepped on the gas up to the stop and switched on the siren. They rushed with the howling siren past buildings, cars and buses. Tom Murphy made the blue car stop. Sergeant got out of the car and went to the speeder. David and Jorge went after him.

Al día siguiente Jorge y David llegaron al edificio del periódico «London News» a las cinco en punto. El coche de policía ya estaba allí y un policía salió del coche.
–Hola, soy el sargento Tom Murphy –dijo cuando David y Jorge se acercaron al coche.
–Hola, encantado de conocerle. Soy Jorge, hoy vamos a acompañarle –contestó Jorge.
–Hola, soy David. ¿Ha tenido que esperar mucho? –preguntó David.
–No, acabo de llegar. Subamos al coche. Comenzaremos a patrullar la ciudad –dijo el policía. Todos subieron al coche.
–¿Es la primera vez que acompañáis a una patrulla? –preguntó el sargento Murphy y arrancó el motor.
–Nunca hemos acompañado a una patrulla – respondió David.
En este instante sonó la radio: –¡Atención P11 y P07! Un coche azul está pasando el límite de velocidad en College Street.
–Aquí P07 –contestó el sargento Murphy por micrófono. Después les dijo a los chicos: – Nuestro coche tiene el número P07.
Un gran coche azul pasó por su lado a toda velocidad. Tom Murphy cogió el micrófono y dijo: –Aquí P07. Veo al coche en cuestión. Emprendo la persecución.
Y después dijo a los chicos: –Poneos el cinturón, por favor.
El coche de policía salió rápidamente. El sargento pisó el gas a fondo y encendió la sirena. Con la sirena puesta fueron deprisa, adelantando a coches y autobuses. Tom Murphy hizo parar el coche azul. El sargento bajó del coche policía y se acercó al conductor temerario. David y Jorge le siguieron.

94

"I am police officer Tom Murphy. Show your driving license, please," the policeman said to the speeder.

"Here is my driving license," the driver showed his driving license, "What is the matter?" he said angryly.

"You were driving through the city with a speed of one hundred and twenty kilometers an hour. The speed limit is sixty," the sergeant said.

"Ah, this. You see, I have just washed my car. So I was driving a little faster to dry it up," the man said with a sly smile.

"Does it cost much to wash the car?" the policeman asked.

"Not much. It cost twelve pounds," the speeder said.

"You do not know the prices," sergeant Murphy said, "It really cost you two hundred and twelve pounds because you will pay two hundred pounds for drying the car. Here is the ticket. Have a nice day," the policeman said. He gave a speeding ticket for two hundred pounds and the driving license to the speeder and went back to the police car.

"Tom, I think you have lots of experiences with speeders, haven't you?" David asked the policeman.

"I have met many of them," Tom said starting the engine, "At first they look like angry tigers or sly foxes. But after I speak with them, they look like afraid kittens or silly monkeys. Like that one in the blue car."

Meanwhile a little white car was slowly driving along a street not far from the city park. The car stopped near a shop. A man and a woman got out of the car and went up to the shop. It was closed. The man looked around. Then he quickly took out some keys and tried to open the door. At last he opened it and they went inside.

"Look! There are so many dresses here!" the woman said. She took out a big bag and began to put in everything there. When the bag was full, she took it to the car and came back.

"Take everything quickly! Oh! What a wonderful hat!" the man said. He took from the

–Soy el sargento Tom Murphy. El carné, por favor –dijo el policía al conductor.

–Aquí lo tiene –el conductor mostró su carné– ¿qué pasa? –preguntó enfadado.

–Estaba conduciendo a ciento veinte kilómetros por hora, en la ciudad. La velocidad máxima es sesenta –dijo el sargento.

–Bueno. Sabe, acabo de lavar mi coche. He ido un poco más rápido para que se secara –dijo el hombre con una sonrisa traviesa.

–¿Es caro lavar su coche? –preguntó el policía.

–No. Cuesta doce libras –dijo el conductor.

–No se sabe los precios –dijo el sargento Murphy– en realidad le cuesta doscientos doce libras, porque pagará doscientas libras para secarlo. Aquí tiene la multa. Que tenga un buen día –dijo el policía. Le dio el carné y la multa de doscientas libras por pasar el límite de velocidad y volvió al coche de policía.

–Tom, tienes mucha experiencia con conductores temerarios ¿verdad? –preguntó David al policía.

–He conocido a muchos –dijo Tom y arrancó el motor– primero parecen tigres enfadados o zorros listos, pero después de hablar con ellos se parecen más a gatitos miedosos o monos tontos. Como este del coche azul.

Mientras tanto un pequeño coche blanco circulaba lentamente por una calle cerca del parque de la ciudad. El coche paró cerca de una tienda. Bajaron un hombre y una mujer y se acercaron a la tienda. Estaba cerrada. El hombre miró a su alrededor. Después sacó rápidamente unas llaves e intentó abrir la puerta. Finalmente la consiguió abrir y entraron.

–¡Mira, cuántos vestidos! –dijo la mujer. Sacó un bolso grande y empezó a meterlo todo dentro. Cuando ya no cabía más en el bolso, lo llevó al coche y después volvió a la tienda.

–¡Cógelo todo! ¡Vaya, que sombrero más bonito! –dijo el hombre. Sacó un gran sombrero negro del escaparate y se lo puso.

–¡Mira este vestido rojo! ¡Me encanta! –dijo la mujer y se puso el vestido rápidamente. No

shop window a big black hat and put it on. "Look at this red dress! I like it so much!" the woman said and quickly put on the red dress. She did not have more bags. So she took more things in her hands, ran outside and put them on the car. Then she ran inside to bring more things. The police car P07 was slowly driving along the city park when the radio began to talk: "Attention all patrols. We have got a robbery alarm from a shop near the city park. The address of the shop is 72 Park street."

"P07 got it," Tom said in the mic, "I am very close to this place. Drive there." They found the shop very quickly and drove up to the white car. Then they got out of the car and hid behind it. The woman in a new red dress ran out of the shop. She put some dresses on the police car and ran back in the shop. The woman did it very quickly. She did not see that it was a police car!

"Damn it! I forgot my gun in the police station!" Tom said. Jorge and David looked at the sergeant Murphy and then surprised at each other. The policeman was so confused that David and Jorge understood they must help him. The woman ran out of the shop again, put some dresses on the police car and ran back. Then David said to Tom: "We can pretend that we have guns."

"Let's do it," Tom answered, "But you do not get up. The thieves may have guns," he said and then cried, "This is the police speaking! Everybody who is inside the shop put your hands up and come slowly one by one out of the shop!" They waited for a minute. Nobody came out. Then Jorge had an idea.

"If you will not come out now, we will set the police dog on you!" he cried and then barked like a big angry dog. The thieves ran out with hands up immediately. Tom quickly put handcuffs on them and got them to the police car. Then he said to Jorge: "It was a great idea pretending that we have a dog! You see, I have forgotten my gun two times already. If they find out that I have forgotten it for the third time, they may fire me or make me do office work. You will not tell anybody about it, will you?"

le quedaban más bolsos. Así que cogía todo lo que podía con las manos, iba corriendo fuera y lo metía en el coche. Después volvía corriendo para ir a buscar más cosas.

El coche de policía P07 iba lentamente por el parque de la ciudad, cuando la radio sonó: –Atención, todas las unidades. Hay una alarma de robo en una tienda cerca del parque de la ciudad. La dirección es Park Street 72.

–Aquí P07 –dijo Tom por micrófono– estoy muy cerca. Voy allí.

Encontraron la tienda rápidamente y se acercaron al coche blanco. Después salieron del coche y se escondieron detrás. La mujer con el vestido rojo salió corriendo de la tienda. Dejó algunos vestidos encima del coche de policía y volvía a entrar en la tienda. Lo hizo todo muy rápido, ni se dio cuenta que era un coche de policía.

–¡Maldita sea! ¡He olvidado mi arma en el cuartel de policía! –dijo Tom. Jorge y David miraron al sargento Murphy y después se miraron el uno al otro con sorpresa. El policía estaba muy confundido. David y Jorge entendieron que necesitaba ayuda. La mujer volvía a salir corriendo de la tienda, dejó más ropa en el coche de policía y volvió a desaparecer. Después David le dijo a Tom: –Podríamos fingir que tenemos armas.

–Bien, lo intentamos –contestó Tom– pero no os levantéis. Quizá los ladrones tengan armas– dijo y después gritó: –¡Policía! ¡Pongan sus manos en alto y salgan lentamente de la tienda!

Esperaron un minuto, pero nadie salía. Entonces Jorge tenía una idea.

–¡Si no salís, soltaremos nuestro perro policía! –gritó y ladró como un perro grande y enfadado. Los ladrones salieron inmediatamente con las manos en alto. Tom les puso las esposas y los hizo sentarse en el coche de policía. Después le dijo a Jorge: –¡Ha sido una idea genial fingir que teníamos un perro! Sabes, ya he olvidado mi arma dos veces. Si se enteran que la he olvidado una tercera vez, igual me despiden o me hacen hacer trabajo de oficina. ¿No lo vais a contar a nadie, ¿no?

–¡Claro que no! –dijo Jorge.

"Sure, not!" Jorge said.
"Never," David said.
"Thank you very much for helping me, guys!"
Tom shook their hands strongly.

(to be continued)

–Nunca –dijo David.
–¡Gracias por vuestra ayuda, chicos! –Tom les dio la mano.

(continuará)

28

The police patrol (part 2)
La patrulla de policía (parte 2)

A

Words

1. again [əˈgen] - otra vez
2. back door [bæk ˈdɔː] - puerta trasera
3. bank [bæŋk] - banco
4. break [breik] - romper
5. button [ˈbʌtn] - botón
6. cash [kæʃ] - dinero en efectivo
7. cash register [kæʃ ˈredʒistə] - caja registradora
8. cashier [kæˈʃiə] - cajero
9. criminal [ˈkriminl] - criminal
10. excuse me [ikˈskjuːz miː] - perdón
11. glass [ˈglɑːs] - vidrio
12. listen [ˈlisn] - escuchar
13. lock [lɔk] - encerrar
14. madam [ˈmædəm] - señora
15. mobile phone [ˈmoubail foun] - teléfono móvil

16. phone [foun] - teléfono
17. pocket [ˈpɔkit] - bolsillo
18. protect [prəˈtekt] - proteger
19. report [riˈpɔːt] - informe
20. ricochet [ˈrikəʃei] - rebote
21. ring [riŋ] - sonar
22. safe [seif] - caja fuerte
23. shopping centre [ˈʃɔpiŋ ˈsentə] - centro comercial
24. steal [stiːl] - robar
25. unconscious [ʌnˈkɔnʃəs] - inconsciente
26. usual [ˈjuːʒuəl] - usual
27. wait [weit] - esperar
28. yesterday [ˈjestədi] - ayer
29. yet [jet] - todavía

B

The police patrol (part 2)

Next day Jorge and David were accompanying Tom again. They were standing near a big shopping centre when a woman came to them.
"Can you help me please?" she asked.
"Sure, madam. What has happened?" Tom asked.
"My mobile phone is gone. I think it has been stolen."
"Has it been used today?" the policeman asked.
"It had been used by me before I went out of the shopping centre," she answered.
"Let's get inside," Tom said. They went into the shopping centre and looked around. There were many people there.
"Let's try an old trick," Tom said taking out his own phone, "What is your telephone number?" he asked the woman. She said and he called her telephone number. A mobile telephone rang not far from them. They went to the place where it was ringing. There was a queue there. A man in the queue looked at the policeman and then quickly turned his head away. The policeman came closer listening carefully. The telephone was ringing in the man's pocket.
"Excuse me," Tom said. The man looked at him.
"Excuse me, your telephone is ringing," Tom said.
"Where?" the man said.
"Here, in your pocket," Tom said.
"No, it is not," the man said.
"Yes, it is," Tom said
"It is not mine," the man said.
"Then whose telephone is ringing in your pocket?" Tom asked.
"I do not know," the man answered.
"Let me see, please," Tom said and took the telephone out of the man's pocket.
"Oh, it is mine!" the woman cried.
"Take your telephone, madam," Tom said giving it to her.
"May I, sir?" Tom asked and put his hand in the man's pocket again. He took out another

La patrulla de policía (parte 2)

Al día siguiente Jorge y David volvían a acompañar a Tom. Estaban al lado de un gran centro comercial cuando se les acercaba una mujer.
–¿Me puede ayudar, por favor? –preguntó.
–Por supuesto. ¿Qué ha pasado? –preguntó Tom.
–Mi teléfono móvil ha desaparecido. Creo que me lo han robado.
–¿Hoy ya lo ha usado? –preguntó el policía.
–Lo he usado antes de salir del centro comercial –contestó la mujer.
–Vamos a entrar –dijo Tom. Entraron en el centro comercial y miraron un poco. Había mucha gente.
–Vamos a usar un viejo truco –dijo Tom y sacó su propio móvil. ¿Me dice su número de teléfono? –le preguntó a la mujer. Se lo dio y Tom llamó al número. No muy lejos de ellos sonó un móvil. Se acercaron al sonido. Había una cola. Un hombre en la cola vio al policía y giró la cabeza rápidamente. El policía se acercó más y escuchó atentamente. El móvil estaba sonando en el bolso del hombre.
–Perdone –dijo Tom. El hombre le miraba.
–Perdone, su móvil está sonando –dijo Tom.
–¿Dónde? –preguntó el hombre.
–Aquí, en su bolso –dijo Tom.
–No, no está sonando –dijo el hombre.
–Sí, está sonando –dijo Tom.
–No es mío –dijo el hombre.
–¿Entonces de quién es el móvil que está sonando en su bolso? –preguntó Tom.
–No lo sé –respondió el hombre.
–¿Me lo puede enseñar, por favor? –dijo Tom y sacó el móvil del bolso del hombre.
–¡Vaya, es mío! –gritó la mujer.
–Aquí tiene –dijo Tom y le dio su teléfono.
–¿Me permite? –preguntó Tom y volvió a meter su mano en el bolso del hombre. Sacó otro móvil y otro más.
–¿Tampoco son de usted? –preguntó Tom al

telephone, and then one more.

"Are they not yours either?" Tom asked the man. The man shook his head looking away.

"What strange telephones!" Tom cried, "They ran away from their owners and jump into the pockets of this man! And now they are ringing in his pockets, aren't they?"

"Yes, they are," the man said.

"You know, my job is to protect people. And I will protect you from them. Get in my car and I will bring you to the place where no telephone can jump in your pocket. We go to the police station," the policeman said. Then he took the man by the arm and took him to the police car.

"I like silly criminals," Tom Murphy smiled after they had taken the thief to the police station.

"Have you met smart ones?" David asked.

"Yes, I have. But very seldom," the policeman answered, "Because it is very hard to catch a smart criminal."

Meanwhile two men came into the Express Bank. One of them took a place in a queue. Another one came up to the cash register and gave a paper to the cashier. The cashier took the paper and read:

"Dear Sir,

this is a robbery of the Express Bank. Give me all the cash. If you do not, then I will use my gun. Thank you.

Sincerely yours,

Bob"

"I think I can help you," the cashier said pressing secretly the alarm button, "But the money had been locked by me in the safe yesterday. The safe has not been opened yet. I will ask somebody to open the safe and bring the money. Okay?"

"Okay! But do it quickly!" the robber answered.

"Shall I make you a cup of coffee while the money is being put in bags?" the cashier asked.

"No, thank you. Just money," the robber answered.

The radio in the police car P07 began to talk:

"Attention all the patrols. We have got a robbery alarm from the Express Bank."

"P07 got it," sergeant Murphy answered. He stepped on the gas up to the stop and the car

hombre.

El hombre lo negó con la cabeza y miró al otro lado.

–¡Qué móviles más extraños! –gritó Tom–. Se han escapado de sus propietarios y han saltado al bolso de este hombre. Y ahora están sonando en su bolso, ¿no?

–Sí –afirmó el hombre.

–Ya sabe que es mi trabajo proteger a la gente. Y los voy a proteger de usted. Suba a mi coche y le voy a llevar a un lugar donde ningún móvil pueda saltar a su bolso. Vamos al cuartel –dijo el policía. Después agarró el hombre por el brazo y lo llevó al coche.

–Me gustan los ladrones tontos –dijo Tom Murphy con una sonrisa, después de haber dejado al hombre en el cuartel.

–¿Alguna vez has encontrado a uno listo? –preguntó David.

–Sí, algunos. Pero no pasa muy a menudo –contestó el policía–, es muy difícil coger a un ladrón listo.

Mientras tanto dos hombres entraron en el Banco Exprés. Uno hizo cola y el otro fue a la caja y le entregó un papel al cajero. El cajero cogió el papel y lo leyó:

–Estimado Señor:

esto es un atraco al Banco Exprés. Entregue todo el dinero. Sino tendré que usar mi arma. Gracias.

Atentamente,

Bob

–Creo que le puedo ayudar –dijo el cajero mientras que, disimuladamente, activaba el alarma silenciosa–. Pero ayer guardé todo el dinero en la caja fuerte. Aun no la hemos abierto. Pediré que alguien la abra y que lleve el dinero ¿de acuerdo?

–¡Vale! ¡Pero rápido! –contestó el atracador.

–¿Le preparo un café mientras espera las bolsas? –preguntó el cajero.

–No, gracias. Sólo quiero el dinero –respondió el atracador.

La radio en el coche de policía sonó: –Atención. Todas las unidades. Alarma de robo en el Banco Exprés.

–Aquí P07. Recibido –respondió el sargento

started quickly. When they drove up to the bank, there was no other police car yet.

"We will make an interesting report if we go inside," David said.

"You guys do what you need. And I will come inside through the back door," sergeant Murphy said. He took out his gun and went quickly to the back door of the bank. David and Jorge came into the bank through the central door. They saw a man standing near the cash register. He put one hand in his pocket and looked around. The man who came with him, stepped away from the queue and came up to him.

"Where is the money?" he asked Bob.

"Roger, the cashier has said that it is being put in bags," another robber answered.

"I am tired of waiting!" Roger said. He took out a gun and pointed it to the cashier, "Bring all the money now!" the robber cried at the cashier. Then he went to the middle of the room and cried: "Listen all! This is a robbery! Nobody move!"

At this moment somebody near the cash register moved. The robber with the gun without looking shot at him. Bob fell on the floor and cried: "Roger! You silly monkey! Damn it! You have shot me!"

"Oh, Bobby! I did not see that it was you!" Roger said. At this moment the cashier quickly ran out.

"The cashier has run away and the money has not been taken here yet!" Roger cried to Bob, "The police may arrive soon! What shall we do?"

"Take something big, break the glass and take the money. Quickly!" Bob cried. Roger took a metal chair and hit the glass of the cash register. It was of course not usual glass and it did not break. But the chair went back by ricochet and hit the robber on the head! He fell on the floor unconsciously. At this moment sergeant Murphy ran inside and quickly put handcuffs on the robbers. He turned to David and Jorge.

"I did say. Most criminals are just silly," he said.

Murphy. Piso el gas y el coche arrancó rápidamente. Eran los primeros en llegar al banco.

–Será un reportaje interesante si entramos –dijo David.

–Chicos, haced lo que es mejor para vosotros. Voy a entrar por la puerta trasera. –dijo el sargento Murphy. Sacó su arma y se fue rápidamente hacia la puerta trasera del banco. David y Jorge entraron al banco por la puerta principal. Vieron a un hombre cerca de la caja. Tenía una mano en su bolso y estaba mirando alrededor. El hombre que había entrado con él, salió de la cola y se puso a su lado.

–¿Dónde está el dinero? –preguntó a Bob.

–Roger, el cajero me ha dicho que lo ponían en bolsas –respondió el otro atracador.

–¡Estoy harto de esperar! –dijo Roger. Sacó su arma y la apuntó al cajero.

–¡Quiero todo el dinero ahora mismo! –gritó. Después se movió al centro de la sala y gritó: –¡Atención, todos! ¡Esto es un atraco! ¡Que nadie se mueva!

En este instante alguien cerca de la caja se movió. El atracador con el arma disparó sin mirar. Bob cayó al suelo y gritó: –¡Roger, imbécil! ¡Maldita sea! ¡Me has disparado!

–¡No, Bobby! No he visto que eras tú! –dijo Roger. En este instante el cajero salió corriendo.

–¡El cajero se ha escapado y nadie nos ha llevado el dinero aún! –le gritó Roger a Bob. – ¡La policía puede venir en cualquier momento! ¿Qué hacemos?

–¡Coge algo grande, rompe el vidrio y coge el dinero! ¡Rápido! –gritó Bob. Roger cogió una silla metálica y la golpeó contra el vidrio de la caja. Claro que no era un vidrio normal y que no se rompió. ¡La silla rebotó y le dio al atracador en la cabeza! Se cayó al suelo y perdió el conocimiento. En este instante entró el sargento Murphy y les puso las esposas a los dos atracadores. Se giró y les dijo a David y a Jorge: –Lo que había dicho. La mayoría de los delincuentes son simplemente tontos.

29

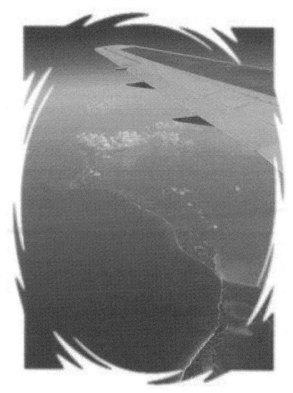

School for Foreign Students (SFS) and au pair
Escuela para Estudiantes Extranjeros (E.E.E) y au pairs

A

Words

1. agreement [əˈgriːmənt] - acuerdo
2. au pair [ˈou peə] - au pair
3. competition [ˌkɔmpəˈtiʃn] - concurso
4. country [ˈkʌntri] - país
5. course [kɔːs] - curso
6. daughter [ˈdɔːtə] - hija
7. dream [driːm] - sueño
8. elder [ˈeldə] - mayor
9. e-mail [ˈiːmeil] - e-mail
10. Eurasia [juəˈreiʒə] - Eurasia
11. foreign [ˈfɔrən] - extranjero
12. hope [houp] - esperanza
13. host family [houst ˈfæməli] - familia de acogida
14. join [dʒɔin] - unir
15. North America [nɔːθ əˈmerikə] - América del Norte
16. once [wʌns] - una vez
17. participant [pɑːˈtisipənt] - participante
18. photograph [ˈfoutəgrɑːf] - fotografía
19. pocket money [ˈpɔkit ˈmʌni] - paga
20. possibility [ˌpɔsəˈbiliti] - posibilidad
21. problem [ˈprɔbləm] - problema
22. right [rait] - correcto, justo

23. servant [ˈsɜːvənt] - criado
24. small [smɔːl] - pequeño
25. son [sʌn] - hijo
26. standard [ˈstændəd] - estándar
27. sure [ʃuə] - seguro

28. twice [twais] - dos veces
29. unfair [ˌʌnˈfeə] - injusto
30. village [ˈvilidʒ] - pueblo

 B

School for Foreign Students (SFS) and au pair

Jorge's sister, brother and parents lived in Spain. They lived in Madrid. The sister's name was Paula. She was twenty years old. She had learned English since she was eleven years old. When Paula was fifteen years old, she wanted to take part in the program EEE. EEE gives the possibility for some high school students from North America and Eurasia to spend a year in Great Britain, living with a host family and studying in a English school. The program is free. Airplane tickets, living with a family, food, studying at a English school are paid by EEE. But by the time when she got the information about the competition date from the Internet site, the competition day had passed.

Then she learned about the au pair program. This program gives its participants the possibility to spend a year or two in a city or village of the United Kingdom living with a host family, looking after children and learning at a language course. Since Jorge was studying in London, Paula wrote him an e-mail. She asked him to find a host family for her in the United Kingdom. Jorge looked through some newspapers and Internet sites with adverts. He found some host families from the UK on http://www.aupair-world.net/. Then Jorge visited an au pair agency in London. He was consulted by a woman. Her name was Alice Bishop.

"My sister is from Spain. She would like to be an au pair with a English family. Can you help on this matter?" Jorge asked Alice.

"I will be glad to help you. We place au pairs

Escuela para Estudiantes Extranjeros (EEE) y au pairs

La hermana, el hermano y los padres de Jorge vivían en España. Vivían en Madrid. Su hermana se llamaba Paula. Tenía veinte años. Había estudiado inglés desde que tenía once años. Cuando tenía quince, quiso participar en el programa de intercambio para estudiantes extranjeros. E.E.E. es un programa para estudiantes de América del Norte y Eurasia. Les da la posibilidad de pasar un año en Gran Bretaña, de vivir en una familia de acogida y de estudiar en un instituto inglés. El programa es gratuito. E.E.E. paga el billete de avión, el alojamiento en una familia, la comida y los estudios en el instituto. No obstante, cuando Paula se informó sobre la inscripción en la página web, el plazo ya había terminado.

Entonces se enteró del programa au pair. Este programa ofrece a los participantes vivir uno o dos años en una ciudad o un pueblo del Reino Unido. Se vive en una familia de acogida, se cuida a los niños y se estudia en una academia de idiomas. Ya que Jorge estaba estudiando en Londres, Paula le escribió un correo electrónico. Le pido encontrar una familia de acogida para ella en España. Jorge miró periódicos y páginas webs con anuncios. Encontró familias de acogida en http://www.aupair-world.net/. Después fue a una agencia de au pairs en Londres. Le atendió una mujer que se llamaba Alicia Bishop.

–Mi hermana es de España. Le gustaría trabajar como au pair en una familia inglesa. ¿Me puede ayudar? –le preguntó Jorge a Alicia.

with families all over the UK. An au pair is a person who joins a host family to help around the house and look after children. The host family gives the au pair food, a room and pocket money. Pocket money may be from two hundred to six hundred pounds. The host family must pay for a language course for the au pair as well," Alice said.

"Are there good and bad families?" Jorge asked.

"There are two problems about choosing a family. First some families think that an au pair is a servant who must do everything in the house including cooking for all family members, cleaning, washing, working in the garden etc. But an au pair is not a servant. An au pair is like an elder daughter or son of the family who helps parents with younger children. To protect their rights au pairs must work out an agreement with the host family. Do not believe it when some au pair agencies or host families say that they use a "standard" agreement. There is no standard agreement. The au pair can change any part of the agreement if it is unfair. Everything that an au pair and host family will do must be written in an agreement.

The second problem is this: Some families live in small villages where there are no language courses and few places where an au pair can go in free time. In this situation it is necessary to include in the agreement that the host family must pay for two way tickets to the nearest big town when the au pair goes there. It may be once or twice a week."

"I see. My sister would like a family from London. Can you find a good family in this city?" Jorge asked.

"Well, there are about twenty families from London now," Alice answered. She telephoned some of them. The host families were glad to have an au pair from Spain. Most of the families wanted to get a letter with a photograph from Paula. Some of them also wanted to telephone her to be sure that she can speak English a little. So Jorge gave them her telephone number. Some host families called Paula. Then she sent

–Claro, por supuesto. Gestionamos la colocación de au pairs a familias en todo el Reino Unido. Un au pair llega a una familia de acogida para ayudar en la casa y para ocuparse de los niños. La familia le da comida, una habitación y un poco de dinero al au pair. Normalmente son entre doscientas y seiscientas libras. La familia también tiene que pagar un curso de idioma para el au pair –dijo Alicia.

–¿Hay familias más y menos aptas? –preguntó Jorge.

–En la elección de una familia hay dos problemas. Primero hay algunas familias que piensan que el au pair es un empleado, responsable para todas las tareas de la casa: cocinar para toda la familia, limpiar, lavar la ropa, cuidar el jardín, etc, pero un au pair no es un sirviente. Es como la hija o el hijo mayor de la familia que ayuda a sus padres con los niños más pequeños. Para proteger sus derechos, los au pairs tienen que elaborar un contrato con la familia de acogida. No te fíes si las agencias o las familias te dicen que usan un contrato estándar. No hay contrato estándar. El au pair puede modificar cualquier parte del contrato si lo considera injusto. Se debe especificar todo lo que tienen que hacer el au pair y la familia en el contrato.

El segundo problema es que algunas familias viven en pueblos muy pequeños. Allí ni hay escuelas de idioma ni sitios para pasar el tiempo libre. En este caso, se debe incluir en el contrato que la familia tiene que pagar los billetes de ida y vuelta para que el au pair pueda ir a una ciudad cercana más grande. Por ejemplo, una o dos veces por semana.

–Entiendo. A mi hermana le gustaría encontrar una familia en Londres. ¿Me puede ayudar a encontrar alguna familia aquí? –preguntó Jorge.

–Bueno, ahora mismo tenemos alrededor de veinte familias de Londres –contestó Alicia. Llamó a algunas de ellas. Las familias estaban contentas de encontrar un au pair de España. La mayoría quiso tener una carta con una foto de Paula. Algunas también la querían llamar para asegurarse de que

them letters. At last she chose a suitable family and with the help of Alice worked out an agreement with them. The family paid for the ticket from Spain to Great Britain. At last Paula started for London full of hopes and dreams.

hablaba un poco de inglés. Así que Jorge les dio su número de teléfono. Algunas de las familias llamaron a Paula. Después les envió las cartas. Al final eligió una familia adecuada y, con la ayuda de Alicia, firmó un contrato con ellos. La familia pagó el billete de España a Gran Bretaña. Finalmente Paula viajó a Londres, con mucha ilusión y esperanza.

* * *

English-Spanish dictionary

a lot of [ə lɔt ɔv] - mucho(s)

a, an [a + consonantes; an + vocales] [ei, ən] - un, una

about [əˈbaut] - sobre

accident [ˈæksidənt] - accidente

accompany [əˈkʌmpəni] - acompañar

across [əˈkrɔs] - a través de

address [əˈdres] - dirección

adventure [ədˈventʃə] - aventura

advert [ˈædvɜ:t] - anuncio

advert, ad [ˈædvɜ:t, æd] - anuncio

afraid [əˈfreid] - tener miedo

again [əˈgen] - otra vez

again and again [əˈgen ənd əˈgen] - una y otra vez

against [əˈgenst] - contra

agree [əˈgri:] - estar de acuerdo

agreement [əˈgri:mənt] - acuerdo

airplane [ˈeəplein] - avión

airshow [ˈeəʃou] - exhibición de vuelo

alarm [əˈla:m] - alarma

alien [ˈeiliən] - extraterrestre

all [ɔ:l] - todo, toda

along [əˈlɔŋ] - por

already [ɔ:lˈredi] - ya

although [ɔ:lˈðou] - aunque

and [ænd] - y

angry [ˈæŋgri] - enfadado

animal [ˈæniml] - animal

another [əˈnʌðə] - otro

answer [ˈa:nsə] - responder

answering machine [ˈa:nsəriŋ məʃi:n] - contestador automático

any [ˈeni] - alguno, alguna, ninguno, ninguna

apply [əˈplai] - presentarse

arm [a:m] - echar un pulso

arrive [əˈraiv] - llegar

artist [ˈa:tist] - artista

as well [əz wel] - también

asterisk [ˈæstərisk] - asterisco

at [æt] - en

at half past [ət ha:f pa:st] - a y media

at last [ət la:st] - finalmente, al fin

at least [ət li:st] - al menos

at this moment [ət ðis ˈmoumənt] - en este instante

attention [əˈtenʃn] - atención

au pair [ˈou peə] - au pair

audience [ˈɔ:diəns] - público

back door [bæk ˈdɔ:] - puerta trasera

bad [bæd] - malo

bag [bæg] - bolsa, bolso

bank [bæŋk] - banco

bark [ba:k] - ladrar

bath [ba:θ] - bañera

bathroom [ˈba:θru:m] - (cuarto de) baño

bathroom table [ˈba:θru:m ˈteibl] - mesa de baño

be [bi] - ser, estar

be ashamed [bi əˈʃeimd] - estar avergonzado

be sorry [bi ˈsɔri] - sentir

be surprised [bi səˈpraizd] - sorprendido

beautiful [ˈbju:təfl] - hermoso

because [biˈkɔz] - porque

bed, beds [bed, ˈbedz] - cama, camas

before [biˈfɔ:] - delante de; antes de

begin [biˈgin] - comenzar, empezar

believe [biˈli:v] - creer

best [best] - mejor

better [ˈbetə] - mejor

between [biˈtwi:n] - entre

big [big] - grande

big, bigger, biggest [big, ˈbigə, ˈbigist] - grande

bike, bikes [baik, baiks] - bicicleta, bicicletas

billion [ˈbiliən] - mil millones

bird [bɜ:d] - pájaro, ave

bite [bait] - morder

black [blæk] - negro, negra

blank [blæŋk] - en blanco

blue [blu:] - azul

book shop [buk ʃɔp] - librería

book, books [buk, buks] - libro, libros

bookcase ['buk keis] - estantería de libros
bother ['bɔðə] - molestar
box [bɔks] - caja
boy [ˌbɔi] - chico
boyfriend ['bɔifrend] - novio
brake [breik] - freno
bread [bred] - pan
break [breik] - descanso, romper
breakfast ['brekfəst] - desayuno
bridge [bridʒ] - puente
bring back [briŋ 'bæk] - devolver
British ['britiʃ] - británico
brother ['brʌðə] - hermano
building ['bildiŋ] - edificio
bus [bʌs] - bus, autobús
bus stop [bʌs stɔp] - parada de autobús
but [bʌt] - pero
butter ['bʌtə] - mantequilla, untar con
mantequilla
button ['bʌtn] - botón
buy [bai] - comprar
bye [bai] - adiós
cable ['keibl] - cable
café ['kæfei] - café
call [kɔ:l] - llamar
call centre [kɔ:l 'sentə] - locutorio
can [kæn] - poder
cannot ['kænɔt] - no poder
captain ['kæptin] - capitán
car [kɑ:] - coche
careful ['keəful] - cuidadoso
cash [kæʃ] - dinero en efectivo
cash register [kæʃ 'redʒistə] - caja
registradora
cashier [kæˈʃiə] - cajero
cat, cats [kæt, kæts] - gato, gatos
catch [kætʃ] - coger, agarrar
CD [ˌsiˈdi:] - CD
CD player [ˌsiˈdi: 'pleiə] - reproductor de
CD
central ['sentrəl] - central
ceremony ['seriməni] - ceremonia
chair [tʃeə] - silla
chance [tʃɑ:ns] - posibilidad

chapter, chapters ['tʃæptə, 'tʃæptəz] -
capítulo, capítulos
check [tʃek] - revisar
chemical ['kemikl] - químico
chemistry ['kemistri] - química
children ['tʃildrən] - niños, niñas
choose [tʃu:z] - elegir
city centre ['siti 'sentə] - centro de la
ciudad
city park ['siti pɑ:k] - parque de la ciudad
city, cities ['siti, 'sitiz] - ciudad, ciudades
classroom ['klæsru:m] - clase
clean [kli:n] - limpio
close [klouz] - cerca, cerrar
club [klʌb] - asociación
coffee ['kɔfi] - café
coffee-maker ['kɔfiˌmekə] - cafetera
cold [kould] - frío
colleague ['kɔli:g] - colega
college ['kɔlidʒ] - universidad, colegio
come [kʌm] - venir, llegar
come back [kʌm 'bæk] - volver
come in [kʌm in] - entrar
company ['kʌmpəni] - compañía
competition [ˌkɔmpəˈtiʃn] - concurso
composition [ˌkɔmpəˈziʃn] - composición
computer [kəmˈpju:tə] - ordenador
computer program [kəmˈpju:tə 'prougræm]
- programa informático
confused [kənˈfju:zd] - confundido
constant ['kɔnstənt] - constante
consult [kənˈsʌlt] - consultar
continue [kənˈtinju:] - continuar
control [kənˈtroul] - controlar
cooker ['kukə] - cocina
cool [ku:l] - ¡genial!
coordination [ˌkouˌɔ:dinˈeiʃn] -
coordinación
copybook ['kɔpibuk] - cuaderno
correct [kəˈrekt] - correcto
corridor ['kɔridɔ:] - pasillo
cost [kɔst] - costar
country ['kʌntri] - país
course [kɔ:s] - curso
creative [kriˈeitiv] - creativo

criminal ['kriminl] - criminal
cry [krai] - gritar, llorar
crystal ['kristl] - cristal
cup [kʌp] - taza
current ['kʌrənt] - corriente
customer ['kʌstəmə] - cliente
dad [dæd] - padre
daily ['deili] - diario
damn it [dæm it] - maldita sea
dance [dɑːns] - bailar
dark [dɑːk] - oscuridad; oscuro
daughter ['dɔːtə] - hija
David (name) - David (nombre)
day [dei] - día
deadly ['dedli] - mortal
department [di'pɑːtmənt] - departamento
design [di'zain] - diseño
designer [di'zainə] - diseñador
desk [desk] - mesa
destroy [di'stroi] - distruir
develop [di'veləp] - desarrollar
die [dai] - morir
difficult ['difikəlt] - difícil
dirty ['dɜːti] - sucio
dislike [dis'laik] - tener aversión a
do [duː] - hacer
doctor ['dɔktə] - médico
dog, dogs [dɔg, dɔgz] - perro, perros
doll [dɔl] - muñeco
door [dɔː] - puerta
dorm, dormitory ['dɔːm, 'dɔːmitri] -
residencia de estudiantes
down [daun] - abajo
dream [driːm] - soñar, sueño
dream, dreams [driːm, driːmz] - sueño,
sueños
dress [dres] - vestido, vestir
drink [driŋk] - beber
drive [draiv] - conducir
drive away [draiv ə'wei] - alejar
driving license ['draiviŋ 'laisns] - carné de
conducir
dry [drai] - secar
during ['djuəriŋ] - durante
DVD [ˌdivi'diː] - DVD

ear [iə] - oreja
earn [ɜːn] - ganar
eat [iːt] - comer
eat breakfast [iːt 'brekfəst] - desayunar
editor ['editə] - editor
education [ˌedʒu'keiʃn] - formación
eight [eit] - ocho
eighth [eitθ] - octavo
elder ['eldə] - mayor
electrical [i'lektrikl] - eléctrico
eleven [i'levn] - once
e-mail ['iːmeil] - e-mail
employer [im'ploiə] - empleador
empty ['empti] - vacío
energy ['enədʒi] - energía
engine ['endʒin] - motor
engineer [ˌendʒi'niə] - ingeniero
English ['iŋgliʃ] - inglés
enjoy [in'dʒoi] - disfrutar
especially [i'speʃəli] - especialmente
estimate ['estimeit] - cálculo aproximado
Eurasia [juə'reiʒə] - Eurasia
Europe ['juərəp] - Europa
every ['evri] - cada
everything ['evriθiŋ] - todo
excuse me [ik'skjuːz miː] - perdón
experience [ik'spiəriəns] - experiencia
explain [ik'splein] - explicar
eye, eyes [ai, aiz] - ojo, ojos
eyes wide with surprise [aiz waid wið
sə'praiz] - ojos muy abiertos de sorpresa
face [feis] - cara
fall [fɔːl] - caer
fall down [fɔːl daun] - caerse
family ['fæməli] - familia
family status ['fæməli 'steitəs] - estado
civil
far ['fɑː] - lejos
farm [fɑːm] - granja
farm yard [fɑːm jɑːd] - patio
farmer ['fɑːmə] - granjero
fast [fɑːst] - rápido
fasten ['fɑːsn] - abrochar
father ['fɑːðə] - padre
favourite ['feivərit] - favorito

feel [fiːl] - sentir
few [fjuː] - pocos, pocas
field [fiːld] - campo
fifteen [ˌfifˈtiːn] - quince
fifth [ˈfifθ] - quinto
fill [fil] - llenar
fill up [fil ʌp] - llenar
film [film] - película
find [faind] - encontrar
fine [fain] - bueno, fino
finish [ˈfiniʃ] - terminar
fire [ˈfaiə] - despedir, fuego
firm [fɜːm] - empresa
first [ˈfɜːst] - primero
fish [fiʃ] - pez
five [faiv] - cinco
float [flout] - flotar
floor [flɔː] - suelo
flow [flou] - flujo
flower [ˈflauə] - flor
fluently [ˈfluːəntli] - con fluidez
fly [flai] - volar
fly [flai] - volar
fly away [flai əˈwei] - irse volando
food [fuːd] - comida
for [fɔː] - por, para
for free [fə friː] - gratuito
foreign [ˈfɔrən] - extranjero
forget [fəˈget] - olvidar
form [ˈfɔːm] - formulario
four [fɔː] - cuatro
fourth [ˈfɔːθ] - cuarto
fox [fɔks] - zorro
free time [friː ˈtaim] - tiempo libre
freeze [friːz] - helarse; quedarse de piedra
friend [ˈfrend] - amigo, amiga
friendly [ˈfrendli] - simpático
friendly, friendlier, friendliest [ˈfrendli, ˈfrendliə, ˈfrendliist] - simpático
from [frɔm] - de
front wheel [frʌnt ˈwiːl] - rueda delantera
full [ful] - lleno
funny [ˈfʌni] - divertido
furniture [ˈfɜːnitʃə] - mueble
further [ˈfɜːðə] - más; más lejos

future [ˈfjuːtʃə] - futuro
garden [ˈgɑːdn] - jardín
gas [gæs] - gas
get [ˈget] - obtener
get up [ˈget ʌp] - levantarse
gift [gift] - talento
girl [gɜːl] - chica
girlfriend [ˈgɜːlfrend] - novia
give [giv] - dar
give up [giv ʌp] - rendirse
glass [ˈglɑːs] - vidrio
go [gou] - ir
go away [gou əˈwei] - irse
go back [gou ˈbæk] - volver
good [gud] - bueno, buena
goodbye [ˌgudˈbai] - adiós
gray-headed [greiˈhedid] - canoso
Great Britain [ˈgreit ˈbritn] - Gran Bretaña
green [ˈgriːn] - verde
grey [grei] - gris
gun [gʌn] - arma
guy [gai] - chico, tio
half [hɑːf] - mitad
hall [hɔːl] - vestíbulo
hand [hænd] - dar, mano
handcuffs [ˈhændkʌfs] - esposas
happen [ˈhæpən] - pasar
happiness [ˈhæpinəs] - felicidad
happy [ˈhæpi] - contento, feliz
hard [hɑːd] - duro
hat [hæt] - sombrero
hate [heit] - odiar
have [hæv] - tener
he [hi] - él
he, she is [hi, ʃi iz] - él, ella es; él, ella está
head [hed] - cabeza, jefe
head to [hed tuː] - dirigirse
health [helθ] - salud
hello [həˈlou] - hola
help [help] - ayudar
helper [ˈhelpə] - ayudante
her, his [hə, hiz] - su
here [hiə] - aquí
hide [haid] - esconder
hiding place [ˈhaidiŋ ˈpleis] - escondite

109

high [hai] - alto
hit [hit] - atacar, pegar
home [houm] - casa
homework ['houmwɜ:k] - deberes
hope [houp] - esperanza
host family [houst 'fæməli] - familia de acogida
hotel [ˌhou'tel] - hotel
hotel, hotels [ˌhou'tel, ˌhou'telz] - hotel, hoteles
hour ['auə] - hora
hourly ['auəli] - cada hora
house ['haus] - casa
how ['hau] - cómo
how many ['hau məni] - cuánto
how much ['hau 'mʌtʃ] - cuánto
howl [haul] - aullar, chillar
human ['hju:mən] - humano
hundred ['hʌndrəd] - cien
hungry ['hʌŋgri] - hambriento
I ['ai] - yo
I am ['ai æm] - yo soy; yo estoy
ice-cream [ais 'kri:m] - helado
idea [ai'diə] - idea
immediately [i'mi:diətli] - inmediatamente
important [im'pɔ:tnt] - importante
in [in] - en
in front of [in frʌnt ɔv] - delante de
incorrect [ˌinkə'rekt] - incorrecto
inform [in'fɔ:m] - informar
inside [in'said] - dentro
instead [in'sted] - en lugar de
interesting ['intrəstiŋ] - interesante
into ['intə] - en, hacia
it [it] - lo, la; le, se
Italian [i'tæljən] - italiano
jacket ['dʒækit] - chaqueta
Japan [dʒə'pæn] - Japón
Japanese [ˌdʒæpə'ni:z] - japonés, japonesa
jar [dʒɑ:] - jarra
job [dʒɔb] - empleo
job agency [dʒɔb 'eidʒənsi] - agencia de empleo
job consultancy [dʒɔb kən'sʌltənsi] - agencia de empleo

job consultant [dʒɔb kən'sʌltənt] - asesor de empleo
join [dʒɔin] - unir
Jorge (name) - Jorge (nombre)
journalist ['dʒɜ:nəlist] - periodista
jump [dʒʌmp] - saltar, salto
just [dʒəst] - solamente, simplemente
kangaroo [ˌkæŋgə'ru:] - canguro
Kazuki (name) - Kazuki (nombre)
kettle ['ketl] - tetera
key [ki:] - llave
keyboard ['ki:bɔ:d] - teclado
kill [kil] - matar
killer whale ['kilə weil] - orca
kilogram ['kiləgræm] - kilogramo
kind [kaind] - tipo
kindergarten ['kindəgɑ:tn] - guardería
kiss [kis] - besar
kitchen ['kitʃin] - cocina
kitten ['kitn] - gatito
know [nou] - saber, conocer
lake [leik] - lago
land [lænd] - tierra
language ['læŋgwidʒ] - lengua
laser ['leizə] - láser
last [lɑ:st] - último
laugh [lɑ:f] - reirse
leader ['li:də] - lider
learn [lɜ:n] - aprender
left [left] - izquierda
leg [leg] - pierna
lesson ['lesn] - clase, lección
lie [lai] - estar tumbado
life [laif] - vida
lift [lift] - ascensor, levantar
like (I like it) ['laik 'ai 'laik it] - gustar (esto me gusta)
Linda (name) - Lina (nombre)
lion ['laiən] - león
listen ['lisn] - escuchar
little ['litl] - pequeño, pequeña
live [laiv] - vivir
load [loud] - carga
loader ['loudə] - cargador
loading list ['loudiŋ list] - lista de carga

lock [lɔk] - encerrar
London [ˈlʌndən] - Londres
long, longer, longest [ˈlɔŋ, ˈlɔŋgə, ˈlɔŋgist] - largo
look [luk] - mirar
look around [luk əˈraund] - mirar alrededor
look at [luk æt] - mirar
lose [lu:z] - perder
love [ˈlʌv] - querer, amar
machine [məˈʃi:n] - máquina
madam [ˈmædəm] - señora
magazine [ˌmægəˈzi:n] - revista
make [ˈmeik] - producir, fabricar
man [mæn] - hombre
manual [ˈmænjuəl] - manual
many [ˈmeni] - mucho, mucha
map [mæp] - mapa
mattress [ˈmætris] - colchón
may [mei] - poder
me [mi:] - me
meanwhile [ˈmi:nwail] - mientras tanto
medical test [ˈmedikl ˈtest] - revisión médica
meet [mi:t] - conocer
member [ˈmembə] - miembro
mental [ˈmentl] - mental
metal [ˈmetl] - metálico
method [ˈmeθəd] - método
microphone, mic [ˈmaikrəfoun, ˈmik] - micrófono
middle [ˈmidl] - medio
mind [maind] - sentirse molesto por
minute [maiˈnju:t] - minuto
Monday [ˈmʌndei] - lunes
money [ˈmʌni] - dinero
monkey [ˈmʌŋki] - mono
monotonous [məˈnɔtənəs] - monótono
month [mʌnθ] - mes
morning [ˈmɔ:niŋ] - mañana
mosquito [məˈski:tou] - mosquito
mother [ˈmʌðə] - madre
move [mu:v] - moverse
much [ˈmʌtʃ] - mucho
music [ˈmju:zik] - múscia
must [mʌst] - deber

my [mai] - mi
mystery [ˈmistəri] - misterio
name [ˈneim] - nombrar, nombre
nationality [ˌnæʃəˈnæliti] - nacionalidad
native [ˈneitiv] - nativo
nature [ˈneitʃə] - naturaleza
near [niə] - cercano
nearby [ˈniəbai] - cercano
need [ni:d] - necesitar
neighbor [ˈneibə] - vecino
never [ˈnevə] - nunca
new [nju:] - nuevo, nueva
newspaper [ˈnju:speipə] - periódico
next [nekst] - siguiente
nice [nais] - bonito, bonita, bueno, buena; agradable
night [nait] - noche
nine [nain] - nueve
ninth [nainθ] - noveno
no [nou] - no
North America [nɔ:θ əˈmerikə] - América del Norte
nose, noses [nouz, ˈnouziz] - nariz, narices
not [nɔt] - no
note [nout] - nota
notebook, notebooks [ˈnoutbuk, ˈnoutbuks] - cuadreno, cuadrenos
nothing [ˈnʌθiŋ] - nada
now [nau] - ahora
number [ˈnʌmbə] - número
o'clock: it's one o'clock [əˈklɔk: its wʌn əˈklɔk] - hora: es la una
of [ɔv] - de
of course [əv kɔ:s] - claro
office [ˈɔfis] - despacho
often [ˈɔfn] - a menudo
oil [ɔil] - petróleo
OK [ˌouˈkei] - vale
okay [ˌouˈkei] - vale
old [ould] - viejo, vieja
older [ˈouldə] - mayor
on [ɔn] - sobre, en
on foot [ɔn fut] - a pie
once [wʌns] - una vez
one [wʌn] - un, uno

one by one [wʌn bai wʌn] - de uno en uno
only ['ounli] - sólo
open ['oupən] - abierto, abrir
order ['ɔːdə] - encargo, pedido, ordenar
out of order ['aut əv 'ɔːdə] - fuera de servicio
outside [ˌaut'said] - fuera
over ['ouvə] - acabado
own [oun] - propio
owner ['ounə] - propietario
pail [peil] - cubo
pale [peil] - pálido
panic ['pænik] - pánico
paper ['peipə] - papel
parachute ['pærəʃuːt] - paracaídas
parachutist ['pærəʃuːtist] - paracaidista
parents ['peərənts] - padres
park, parks [pɑːk, pɑːks] - parque, parques
part [pɑːt]   parte
participant [pɑːˈtisipənt] - participante
pass [pɑːs] - aprobar
past [pɑːst] - por delante
patrol [pəˈtroul] - patrullar
pay [pei] - pagar
pen [pen] - bolígrafo
pen, pens [pen, penz] - pluma, plumas
people ['piːpl] - gente
per [pɜː] - por
personnel [ˌpɜːsəˈnel] - personal
pet [pet] - animal doméstico
pharmacy ['fɑːməsi] - farmacia
phone [foun] - teléfono
photograph ['foutəgrɑːf] - fotografía
photographer [fəˈtɔgrəfə] - fotógrafo
phrase [freiz] - frase
picture ['piktʃə] - fotografía, imagen
pill [pil] - comprimido
pilot ['pailət] - poloto
place ['pleis] - colocar, poner, sitio, lugar
plan [plæn] - plan
planet ['plænit] - planeta
plate [pleit] - plato
play ['plei] - jugar
please [pliːz] - por favor
pocket ['pɔkit] - bolsillo

pocket money ['pɔkit 'mʌni] - paga
point [pɔint] - apuntar
Poland ['poulənd] - Polonia
police patrol [pəˈliːs pəˈtroul] - patrulla policial
police station [pəˈliːs 'steiʃn] - comisaría
policeman [pəˈliːsmən] - policía
poor [puə] - pobre
possibility [ˌpɔsəˈbiliti] - posibilidad
possible ['pɔsəbl] - posible
pound sterling [paund 'stɜːliŋ] - libra esterlina
pour [pɔː] - verter
prepare [priˈpeə] - preparar
pretend [priˈtend] - pretender, fingir
price [prais] - precio
problem ['prɔbləm] - problema
profession [prəˈfeʃn] - profesión
programmer ['prougræmə] - programador
protect [prəˈtekt] - proteger
publishing house ['pʌbliʃiŋ 'haus] - editorial
pull [pul] - estirar, tirar
puppy ['pʌpi] - cachorro
pursuit [pəˈsjuːt] - persecución
push [puʃ] - empujar
pussycat ['pusikæt] - gato, minino
put ['put] - poner
questionnaire [ˌkwestʃəˈneə] - cuestionario
queue [kjuː] - cola
quick [kwik] - rápido
quickly ['kwikli] - rápidamente
quiet ['kwaiət] - silencioso
quite [kwait] - bastante
radar ['reidɑː] - radar
radio ['reidiou] - radio
railway station ['reilwei 'steiʃn] - estación de ferrocarril
rain [rein] - llover
rat [ræt] - rata
read [riːd] - leer
real [riəl] - real
really ['riəli] - de verdad, muy
reason ['riːzən] - razón
recommend [ˌrekəˈmend] - recomendar

recommendation [ˌrekəmenˈdeiʃn] - recomendación

record [riˈkɔːd] - grabar

red [red] - rojo

refuse [riˈfjuːz] - rechazar

rehabilitate [ˌriːəˈbiliteit] - recuperar

rehabilitation [ˌriːəˌbiliˈteiʃn] - recuperación

remain [riˈmein] - quedar

remember [riˈmembə] - recordar

report [riˈpɔːt] - informe

rescue service [ˈreskjuː ˈsɜːvis] - servicio de socorro

ricochet [ˈrikəʃei] - rebote

ride a bike [raid ə baik] - ir en bici

right [rait] - correcto, justo, derecha

ring [riŋ] - sonar

robbery [ˈrɔbəri] - robo

romantic [rəˈmæntik] - romántico

roof [ruːf] - tejado

room [ruːm] - espacio

round [ˈraund] - redondo

rub [rʌb] - frotar(se)

rubber [ˈrʌbə] - goma

rule [ruːl] - regla

run [rʌn] - correr

run away [rʌn əˈwei] - escaparse

rush [rʌʃ] - ir deprisa

sad [sæd] - triste

safe [seif] - caja fuerte

sand [sænd] - arena

sandwich [ˈsænwidʒ] - emparedado, bocadillo

Saturday [ˈsætədei] - sábado

save [seiv] - salvar

save somebody's life [seiv ˈsəmˌbɑːdi laif] - salvar la vida a alguien

say [ˈsei] - decir

school [skuːl] - escuela, colegio

seashore [ˈsiːʃɔː] - costa

season [ˈsiːzn] - temporada

seat belt [siːt belt] - cinturón de seguridad

second [ˈsekənd] - segundo

secret [ˈsiːkrit] - secreto

secretary [ˈsekrətəri] - secretaria

see [ˈsiː] - ver

seed [siːd] - semilla

sell [sel] - vender

sergeant [ˈsɑːdʒənt] - sargento

serial [ˈsiəriəl] - serie

servant [ˈsɜːvənt] - criado

serve [sɜːv] - atender

set free [set friː] - liberar

seven [ˈsevn] - siete

seventh [ˈsevnθ] - séptimo

sex [seks] - sexo

shake [ʃeik] - agitar, sacudir, temblar

shake hands [ʃeik hændz] - darse la mano

she [ʃi] - ella

sheet [ʃiːt] - hoja

ship [ʃip] - barco

shop assistant [ʃɔp əˈsistənt] - dependienta

shop window [ʃɔp ˈwindou] - escaparate

shop, shops [ʃɔp, ʃɔps] - tienda, tiendas

shopping centre [ˈʃɔpiŋ ˈsentə] - centro comercial

show [ʃou] - enseñar

silent [ˈsailənt] - silencioso

silly [ˈsili] - tonto

simple [ˈsimpl] - fácil, sencillo

since [sins] - desde

sing [siŋ] - cantar

singer [ˈsiŋə] - cantante

sir [sɜː] - señor

siren [ˈsaiərən] - sirena

sister [ˈsistə] - hermana

sit [sit] - sentarse, estar sentado

sit down [sit daun] - sentarse

situation [ˌsitʃuˈeiʃn] - situación

six [siks] - seis

sixth [siksθ] - sexto

sixty [ˈsiksti] - sesenta

skill [skil] - habilidad

sleep [sliːp] - dormir

slightly [ˈslaitli] - ligeramente

slow [slou] - lento

sly [slai] - astuto

small [smɔːl] - pequeño

smart [smɑːt] - inteligente

smile [smail] - sonreir, sonrisa

snack time [snæk 'taim] - merienda
some [sʌm] - algunos, algunas
something ['sʌmθiŋ] - algo
son [sʌn] - hijo
song [sɔŋ] - canción
sorry ['sɔri] - arrepentido
space [speis] - espacio
spaceship ['speis ʃip] - nave espacial
Spain [spein] - España
spaniel ['spæniəl] - spaniel
Spanish ['spæniʃ] - español, española
speak [spi:k] - hablar
speech [spi:tʃ] - discurso
speed [spi:d] - ir a exceso de velocidad;
velocidad
sport [spɔ:t] - deporte
sport bike [spɔ:t baik] - bicicleta deportiva
sport club [spɔ:t klʌb] - club deportivo
sport shop [spɔ:t ʃɔp] - tienda de deportes
square [skweə] - plaza
stair [steə] - escalera
stand [stænd] - estar de pie
stand up [stænd ʌp] - levantarse
standard ['stændəd] - estándar
star, stars [stɑ:, stɑ:z] - estrella, estrellas
start [stɑ:t] - comenzar
steal [sti:l] - robar
steer [stiə] - conducir
step [step] - pisar
step on [step ɔn] - pisar
still [stil] - aún, todavía
stink [stiŋk] - oler mal
stone [stoun] - piedra
stop [stɔp] - parar
story ['stɔ:ri] - historia
strange [streindʒ] - desconocido; extraño,
raro
street, streets [stri:t, stri:ts] - calle, calles
strength [streŋθ] - fuerza
strong [strɔŋ] - fuerte
student, students ['stju:dnt, 'stju:dnts] -
estudiante, estudiantes
study ['stʌdi] - estudiar
stuff [stʌf] - cosas
suddenly |sʌdnli] - de repente

suitable ['su:təbl] - adecuado
supermarket ['su:pəmɑ:kit] - supermercado
sure [ʃuə] - seguro
surprise [sə'praiz] - sorpresa
swallow ['swɔlou] - engullir
swim [swim] - nadar
switch on [switʃ ɔn] - encender
table, tables ['teibl, 'teiblz] - mesa, mesas
tail [teil] - cola
take [teik] - coger, tomar
take over [teik 'ouvə] - tomar el control de
take part [teik pɑ:t] - participar
talk to ['tɔ:k tu:] - hablar con
tanker ['tæŋkə] - petrolero
tap [tæp] - grifo
task [tɑ:sk] - tarea
tasty ['teisti] - rico
taxi ['tæksi] - taxi
tea [ti:] - té
teacher ['ti:tʃə] - maestro, profesor
team [ti:m] - equipo
team work [ti:m 'wɜ:k] - trabajo de equipo
telephone ['telifoun] - llamar
television ['teliˌviʒn] - televisión
ten [ten] - diez
tennis ['tenis] - tenis
tenth [tenθ] - décimo
test ['test] - examen
text [tekst] - texto
textbook ['teksbuk] - libro de texto
than [ðæn] - que
thank [θæŋk] - agradecer
thank you [θæŋk ju] - gracias
that [ðæt] - aquel
the [ði:] - el, la
then [ðen] - entonces, después
there [ðeə] - allí
these [ði:z] - estos, estas
they ['ðei] - ellos, ellas
thief, thieves [θi:f, θi:vz] - ladron, ladrones
thing ['θiŋ] - cosa
think ['θiŋk] - pensar
third ['θɜ:d] - tercero
this [ðis] - este
those [ðouz] - aquellos, aquellas

thought ['θɔ:t] - pensamiento
thousand ['θauznd] - mil
three [θri:] - tres
through [θru:] - por, a través de
ticket ['tikit] - billete, multa
tiger ['taigə] - tigre
time ['taim] - tiempo, hora
tired ['taiəd] - cansado
today [tə'dei] - hoy
together [tə'geðə] - juntos
toilet ['tɔilit] - cuarto de baño
too [tu:] - también
total ['toutl] - total
town [taun] - ciudad
toy [tɔi] - juguete
train [trein] - entrenar, tren
translator [trænz'leitə] - traductor
transport firm [træns'pɔ:t fɜ:m] - empresa
de transporte
travel ['trævl] - viajar
trick [trik] - truco
trousers ['trauzəz] - pantalones
truck [trʌk] - camión
try ['trai] - intentar
turn [tɜ:n] - girar
turn off [tɜ:n ɔf] - apagar
TV-set [,ti:'vi:set] - televisión
twelve [twelv] - doce
twenty ['twenti] - veinte
twice [twais] - dos veces
two ['tu:] - dos
unconscious [ʌn'kɔnʃəs] - inconsciente
under ['ʌndə] - debajo de
underline [,ʌndə'lain] - subrayar
understand [,ʌndə'stænd] - entender
unfair [,ʌn'feə] - injusto
United Kingdom [ju'naitid 'kiŋdəm] -
Reino Unido
unload [ʌn'loud] - descargar
until [ʌn'til] - hasta
usual ['ju:ʒuəl] - usual
usually ['ju:ʒəli] - normalmente
very ['veri] - muy, mucho
videocassette ['vidiokæ,set] - cinta de
video

video-shop - videoclub
village ['vilidʒ] - pueblo
visitor ['vizitə] - visitante
voice [vɔis] - voz
wait [weit] - esperar
wake up [weik ʌp] - despertar
walk [wɔ:k] - andar
want [wɔnt] - querer
warm up [wɔ:m ʌp] - calentar
wash [wɔʃ] - lavarse
washer ['wɔʃə] - lavadora
washing station ['wɔʃiŋ 'steiʃn] - lavadero
watch [wɔtʃ] - mirar, reloj
water ['wɔ:tə] - agua
wave [weiv] - ola
way ['wei] - camino
we [wi] - nosotros
well [wel] - bien
wet [wet] - mojado
what ['wɔt] - qué
what's the matter ['wɔts ðə 'mætə] - qué
pasa
where [weə] - dónde
white [wait] - blanco
why [wai] - por qué
wide [waid] - grande, extenso
wind [wind] - viento
window, windows ['windou, 'windouz] -
ventana, ventanas
with [wið] - con
woman ['wumən] - mujer
wonder ['wʌndə] - preguntarse
wonderful ['wʌndəfəl] - maravilloso
word ['wɜ:d] - palabra
word, words ['wɜ:d, 'wɜ:dz] - palabra,
palabras
work ['wɜ:k] - trabajar, trabajo
worker ['wɜ:kə] - trabajador
write ['rait] - escribir
writer ['raitə] - escritor
year ['jiə] - año
yes [jes] - sí
yesterday ['jestədi] - ayer
yet [jet] - todavía
you are [ju ɑ:] - tu eres; tu estás

115

young [jʌŋ] - joven
young, younger, youngest [jʌŋ, ˈjʌŋgə, ˈjʌŋgist] - joven
youngest [ˈjʌŋgist] - más joven

your [jə] - tu(s)
zebra [ˈzebrə] - cebra
zoo [zuː] - zoo

Spanish–English dictionary

a menudo - often ['ɔfn]
a pie - on foot [ɔn fut]
a través de - across [əˈkrɔs]
a y media - at half past [ət hɑːf pɑːst]
abajo - down [daun]
abierto - open [ˈoupən]
abrir - open [ˈoupən]
abrochar - fasten [ˈfɑːsn]
acabado - over [ˈouvə]
accidente - accident [ˈæksidənt]
acompañar - accompany [əˈkʌmpəni]
acuerdo - agreement [əˈgriːmənt]
adecuado - suitable [ˈsuːtəbl]
adiós - bye [bai]
adiós - goodbye [ˌgudˈbai]
agencia de empleo - job agency [dʒɔb ˈeidʒənsi], job consultancy [dʒɔb kənˈsʌltənsi]
agitar - shake [ʃeik]
agradecer - thank [θæŋk]
agua - water [ˈwɔːtə]
ahora - now [nau]
al menos - at least [ət liːst]
alarma - alarm [əˈlɑːm]
alejar - drive away [draiv əˈwei]
algo - something [ˈsʌmθiŋ]
alguno, alguna, ninguno, ninguna - any [ˈeni]
algunos, algunas - some [sʌm]
allí - there [ðeə]
alto - high [hai]
América del Norte - North America [nɔːθ əˈmerikə]
amigo - friend [ˈfrend]
amigo, amiga - friend [ˈfrend]
andar - walk [wɔːk]
animal - animal [ˈæniml]
animal doméstico - pet [pet]
anuncio - advert, ad [ˈædvɜːt, æd]
año - year [ˈjiə]
apagar - turn off [tɜːn ɔf]
aprender - learn [lɜːn]
aprobar - pass [pɑːs]

apuntar - point [pɔint]
aquel - that [ðæt]
aquellos, aquellas - those [ðouz]
aquí - here [hiə]
arena - sand [sænd]
arma - gun [gʌn]
arrepentido - sorry [ˈsɔri]
artista - artist [ˈɑːtist]
ascensor - lift [lift]
asesor de empleo - job consultant [dʒɔb kənˈsʌltənt]
asociación - club [klʌb]
asterisco - asterisk [ˈæstərisk]
astuto - sly [slai]
atacar - hit [hit]
atención - attention [əˈtenʃn]
atender - serve [sɜːv]
au pair - au pair [ˈou peə]
aullar, chillar - howl [haul]
aún, todavía - still [stil]
aunque - although [ɔːlˈðou]
aventura - adventure [ədˈventʃə]
avión - airplane [ˈeəplein]
ayer - yesterday [ˈjestədi]
ayudante - helper [ˈhelpə]
ayudar - help [help]
azul - blue [bluː]
bailar - dance [dɑːns]
banco - bank [bæŋk]
bañera - bath [bɑːθ]
baño - bathroom [ˈbɑːθruːm]
barco - ship [ʃip]
bastante - quite [kwait]
beber - drink [driŋk]
besar - kiss [kis]
bicicleta deportiva - sport bike [spɔːt baik]
bicicleta, bicicletas - bike, bikes [baik, baiks]
bien - well [wel]
billete - ticket [ˈtikit]
blanco - white [wait]
bolígrafo - pen [pen]
bolsa, bolso - bag [bæg]

bolsillo - pocket ['pɔkit]
bolso - bag [bæg]
bonito, bonita - nice [nais]
botón - button ['bʌtn]
británico - British ['britiʃ]
bueno, buena; agradable - nice [nais], good [gud], fine [fain]
bus, autobús - bus [bʌs]
cabeza - head [hed]
cable - cable ['keibl]
cachorro - puppy ['pʌpi]
cada - every ['evri]
cada hora - hourly ['auəli]
caer - fall [fɔːl]
caerse - fall down [fɔːl daun]
cafetería - café ['kæfei]
café - coffee ['kɔfi]
cafetera - coffee-maker ['kɔfiˌmekə]
caja - box [bɔks]
caja fuerte - safe [seif]
caja registradora - cash register [kæʃ 'redʒistə]
cajero - cashier [kæ'ʃiə]
cálculo aproximado - estimate ['estimeit]
calentar - warm up [wɔːm ʌp]
calle, calles - street, streets [striːt, striːts]
cama, camas - bed, beds [bed, 'bedz]
camino - way ['wei]
camión - truck [trʌk]
campo - field [fiːld]
canción - song [sɔŋ]
canguro - kangaroo [ˌkæŋgə'ruː]
canoso - gray-headed [grei'hedid]
cansado - tired ['taiəd]
cantante - singer ['siŋə]
cantar - sing [siŋ]
capitán - captain ['kæptin]
capítulo, capítulos - chapter, chapters ['tʃæptə, 'tʃæptəz]
cara - face [feis]
carga - load [loud]
cargador - loader ['loudə]
cargar - load [loud]
carné de conducir - driving license ['draiviŋ laisns]

casa - home [houm], house ['haus]
CD - CD [ˌsiː'diː]
cebra - zebra ['zebrə]
central - central ['sentrəl]
centro comercial - shopping centre ['ʃɔpiŋ 'sentə]
centro de la ciudad - city centre ['siti 'sentə]
cerca - close [klouz]
cercano - near [niə], nearby ['niəbai]
ceremonia - ceremony ['seriməni]
cerrar - close [klouz]
chaqueta - jacket ['dʒækit]
chica - girl [gɜːl]
chico - boy [ˌbɔi]
chico, tio - guy [gai]
cien - hundred ['hʌndrəd]
cinco - five [faiv]
cinta de video - videocassette ['vidiokæˌset]
cinturón de seguridad - seat belt [siːt belt]
ciudad - town [taun]
ciudad, ciudades - city, cities ['siti, 'sitiz]
claro - of course [əv kɔːs]
clase - classroom ['klæsruːm], lesson ['lesn]
cliente - customer ['kʌstəmə]
club deportivo - sport club [spɔːt klʌb]
coche - car [kɑː]
cocina - cooker ['kukə], kitchen ['kitʃin]
coger - catch [kætʃ], take [teik]
coger, agarrar - catch [kætʃ]
cola - queue [kjuː], tail [teil]
colchón - mattress ['mætris]
colega - colleague ['kɔliːg]
colocar, poner - place ['pleis]
comenzar - begin [bi'gin], start [stɑːt]
comer - eat [iːt]
comida - food [fuːd]
comisaría - police station [pə'liːs 'steiʃn]
cómo - how ['hau]
compañía - company ['kʌmpəni]
composición - composition [ˌkɔmpə'ziʃn]
comprar - buy [bai]
comprimido - pill [pil]
con - with [wið]
con fluidez - fluently ['fluːəntli]
concurso - competition [ˌkɔmpə'tiʃn]

118

conducir - drive [draiv], steer [stiə]

confundido - confused [kənˈfjuːzd]

conocer - meet [miːt]

constante - constant [ˈkɔnstənt]

consultar - consult [kənˈsʌlt]

contento - happy [ˈhæpi]

contestador automático - answering machine [ˈɑːnsəriŋ məʃiːn]

continuar - continue [kənˈtinjuː]

contra - against [əˈgenst]

controlar - control [kənˈtroul]

coordinación - coordination [ˌkouˌɔːdinˈeiʃn]

correcto - correct [kəˈrekt]

correcto, justo - right [rait]

correr - run [rʌn]

corriente - current [ˈkʌrənt]

cosa - thing [ˈθiŋ]

cosas - stuff [stʌf]

costa - seashore [ˈsiːʃɔː]

costar - cost [kɔst]

creativo - creative [kriːˈeitiv]

creer - believe [biˈliːv]

criado - servant [ˈsɜːvənt]

criminal - criminal [ˈkriminl]

cristal - crystal [ˈkristl]

cuaderno - copybook [ˈkɔpibuk]

cuadreno, cuadrenos - notebook, notebooks [ˈnoutbuk, ˈnoutbuks]

cuánto - how many [ˈhau məni], how much [ˈhau ˈmʌtʃ]

cuarto - fourth [ˈfɔːθ]

cuarto de baño - toilet [ˈtɔilit]

cuatro - four [fɔː]

cubo - pail [peil]

cuestionario - questionnaire [ˌkwestʃəˈneə]

cuidadoso - careful [ˈkeəful]

curso - course [kɔːs]

dar - give [giv], hand [hænd]

darse la mano - shake hands [ʃeik hændz]

David (nombre) - David (name)

de - from [frɔm], of [ɔv]

de repente - suddenly [sʌdnli]

de uno en uno - one by one [wʌn bai wʌn]

de verdad, muy - really [ˈriəli]

debajo de - under [ˈʌndə]

deber - must [mʌst]

deberes - homework [ˈhoumwɜːk]

décimo - tenth [tenθ]

decir - say [ˈsei]

delante de - in front of [in frʌnt ɔv]

delante de; antes de - before [biˈfɔː]

dentro - inside [inˈsaid]

departamento - department [diˈpɑːtmənt]

dependienta - shop assistant [ʃɔp əˈsistənt]

deporte - sport [spɔːt]

derecha - right [rait]

desarrollar - develop [diˈveləp]

desayunar - eat breakfast [iːt ˈbrekfəst]

desayuno - breakfast [ˈbrekfəst]

descanso - break [breik]

descargar - unload [ʌnˈloud]

desconocido; extraño - strange [streindʒ]

desde - since [sins]

despacho - office [ˈɔfis]

despedir - fire [ˈfaiə]

despertar - wake up [weik ʌp]

devolver - bring back [briŋ ˈbæk]

día - day [dei]

diario - daily [ˈdeili]

diez - ten [ten]

difícil - difficult [ˈdifikəlt]

dinero - money [ˈmʌni]

dinero en efectivo - cash [kæʃ]

dirección - address [əˈdres]

dirigirse - head to [hed tuː]

discurso - speech [spiːtʃ]

diseñador - designer [diˈzainə]

diseño - design [diˈzain]

disfrutar - enjoy [inˈdʒɔi]

distruir - destroy [diˈstroi]

divertido - funny [ˈfʌni]

doce - twelve [twelv]

dónde - where [weə]

dormir - sleep [sliːp]

dos - two [ˈtuː]

dos veces - twice [twais]

durante - during [ˈdjuəriŋ]

duro - hard [hɑːd]

DVD - DVD [ˌdiviˈdiː]

echar un pulso - arm [ɑːm]
edificio - building [ˈbildiŋ]
editor - editor [ˈeditə]
editorial - publishing house [ˈpʌbliʃiŋ ˈhaus]
él - he [hi]
él, ella es; él, ella está - he, she is [hi, ʃi iz]
el, la - the [ðiː]
eléctrico - electrical [iˈlektrikl]
elegir - choose [tʃuːz]
ella - she [ʃi]
ellos, ellas - they [ˈðei]
e-mail - e-mail [ˈiːmeil]
emparedado, bocadillo - sandwich [ˈsænwidʒ]
empezar - begin [biˈgin]
empleador - employer [imˈploiə]
empleo - job [dʒɔb]
empresa - firm [fɜːm]
empresa de transporte - transport firm [trænsˈpɔːt fɜːm]
empujar - push [puʃ]
en - at [æt], in [in]
en blanco - blank [blæŋk]
en este instante - at this moment [ət ðis ˈmoumənt]
en lugar de - instead [inˈsted]
en, hacia - into [ˈintə]
encargo, pedido - order [ˈɔːdə]
encender - switch on [switʃ ɔn]
encerrar - lock [lɔk]
encontrar - find [faind]
energía - energy [ˈenədʒi]
enfadado - angry [ˈæŋgri]
engullir - swallow [ˈswɔlou]
enseñar - show [ʃou]
entender - understand [ˌʌndəˈstænd]
entonces, después - then [ðen]
entrar - come in [kʌm in]
entre - between [biˈtwiːn]
entrenar - train [trein]
equipo - team [tiːm]
escalera - stair [steə]
escaparate - shop window [ʃɔp ˈwindou]
escaparse - run away [rʌn əˈwei]

esconder - hide [haid]
escondite - hiding place [ˈhaidiŋ ˈpleis]
escribir - write [ˈrait]
escritor - writer [ˈraitə]
escuchar - listen [ˈlisn]
escuela, colegio - school [skuːl]
espacio - room [ruːm], space [speis]
España - Spain [spein]
español - Spanish [ˈspæniʃ]
español, española - Spanish [ˈspæniʃ]
especialmente - especially [iˈspeʃəli]
esperanza - hope [houp]
esperar - wait [weit]
esposas - handcuffs [ˈhændkʌfs]
estación de ferrocarril - railway station [ˈreilwei ˈsteiʃn]
estado civil - family status [ˈfæməli ˈsteitəs]
estándar - standard [ˈstændəd]
estantería de libros - bookcase [ˈbuk keis]
estar avergonzado - be ashamed [bi əˈʃeimd]
estar de acuerdo - agree [əˈgriː]
estar de pie - stand [stænd]
estar tumbado - lie [lai]
este - this [ðis]
estirar - pull [pul]
estos, estas - these [ðiːz]
estrella, estrellas - star, stars [stɑː, stɑːz]
estudiante, estudiantes - student, students [ˈstjuːdnt, ˈstjuːdnts]
estudiar - study [ˈstʌdi]
Eurasia - Eurasia [juəˈreiʒə]
Europa - Europe [ˈjuərəp]
examen - test [ˈtest]
exhibición de vuelo - airshow [ˈeəʃou]
experiencia - experience [ikˈspiəriəns]
explicar - explain [ikˈsplein]
extranjero - foreign [ˈfɔrən]
extraterrestre - alien [ˈeiliən]
fácil - simple [ˈsimpl]
familia - family [ˈfæməli]
familia de acogida - host family [houst ˈfæməli]
farmacia - pharmacy [ˈfɑːməsi]
favorito - favourite [ˈfeivərit]

felicidad - happiness [ˈhæpinəs]

feliz - happy [ˈhæpi]

finalmente, al fin - at last [ət lɑːst]

flor - flower [ˈflauə]

flotar - float [flout]

flujo - flow [flou]

formación - education [ˌedʒuˈkeiʃn]

formulario - form [ˈfɔːm]

fotografía - photograph [ˈfoutəgrɑːf], picture [ˈpiktʃə]

fotógrafo - photographer [fəˈtɔgrəfə]

frase - phrase [freiz]

freno - brake [breik]

frío - cold [kould]

frotar(se) - rub [rʌb]

fuego - fire [ˈfaiə]

fuera - outside [ˌautˈsaid]

fuera de servicio - out of order [ˈaut əv ˈɔːdə]

fuerte - strong [strɔŋ]

fuerza - strength [streŋθ]

futuro - future [ˈfjuːtʃə]

ganar - earn [ɜːn]

gas - gas [gæs]

gatito - kitten [ˈkitn]

gato, gatos - cat, cats [kæt, kæts]; minino - pussycat [ˈpusikæt]

genial - cool [kuːl]

gente - people [ˈpiːpl]

girar - turn [tɜːn]

goma - rubber [ˈrʌbə]

grabar - record [riˈkɔːd]

gracias - thank you [θæŋk ju]

Gran Bretaña - Great Britain [ˈgreit ˈbritn]

grande - big [big]; extenso - wide [waid]

granja - farm [fɑːm]

granjero - farmer [ˈfɑːmə]

gratuito - for free [fə friː]

grifo - tap [tæp]

gris - grey [grei]

gritar, llorar - cry [krai]

guardería - kindergarten [ˈkindəgɑːtn]

gustar (esto me gusta) - like (I like it) [ˈlaik ˈai ˈlaik it]

habilidad - skill [skil]

hablar - speak [spiːk]

hablar con - talk to [ˈtɔːk tuː]

hacer - do [duː]

hambriento - hungry [ˈhʌŋgri]

hasta - until [ʌnˈtil]

helado - ice-cream [ais ˈkriːm]

helarse; quedarse de piedra - freeze [friːz]

hermana - sister [ˈsistə]

hermano - brother [ˈbrʌðə]

hermoso - beautiful [ˈbjuːtəfl]

hija - daughter [ˈdɔːtə]

hijo - son [sʌn]

historia - story [ˈstɔːri]

hoja - sheet [ʃiːt]

hola - hello [həˈlou]

hombre - man [mæn]

hora - hour [ˈauə]

hora: es la una - o'clock: it's one o'clock [əˈklɔk: its wʌn əˈklɔk]

hotel - hotel [ˌhouˈtel]

hotel, hoteles - hotel, hotels [ˌhouˈtel, ˌhouˈtelz]

hoy - today [təˈdei]

humano - human [ˈhjuːmən]

idea - idea [aiˈdiə]

imagen - picture [ˈpiktʃə]

importante - important [imˈpɔːtnt]

inconsciente - unconscious [ʌnˈkɔnʃəs]

incorrecto - incorrect [ˌinkəˈrekt]

informar - inform [inˈfɔːm]

informe - report [riˈpɔːt]

ingeniero - engineer [ˌendʒiˈniə]

inglés - English [ˈiŋgliʃ]

injusto - unfair [ˌʌnˈfeə]

inmediatamente - immediately [iˈmiːdiətli]

inteligente - smart [smɑːt]

intentar - try [ˈtrai]

interesante - interesting [ˈintrəstiŋ]

ir - go [gou]

ir a exceso de velocidad; velocidad - speed [spiːd]

ir deprisa - rush [rʌʃ]

ir en bici - ride a bike [raid ə baik]

irse - go away [gou əˈwei]

irse volando - fly away [flai əˈwei]

italiano - Italian [i'tæljən]
izquierda - left [left]
Japón - Japan [dʒə'pæn]
japonés, japonesa - Japanese [ˌdʒæpə'ni:z]
jardín - garden ['gɑ:dn]
jarra - jar [dʒɑ:]
jefe - head [hed]
Jorge (nombre) - Jorge (name)
joven - young [jʌŋ]
jugar - play ['plei]
juguete - toy [tɔi]
juntos - together [tə'geðə]
 Kazuki (nombre) - Kazuki (name)
kilogramo - kilogram ['kiləgræm]
ladrar - bark [bɑ:k]
ladron, ladrones - thief, thieves [θi:f, θi:vz]
lago - lake [leik]
largo - long, longer, longest ['lɔŋ, 'lɔŋgə, 'lɔŋgist]
láser - laser ['leizə]
lavadero - washing station ['wɔʃiŋ 'steiʃn]
lavadora - washer ['wɔʃə]
lavarse - wash [wɔʃ]
lección - lesson ['lesn]
leer - read [ri:d]
lejos - far ['fɑ:]
lengua - language ['læŋgwidʒ]
lento - slow [slou]
león - lion ['laiən]
levantar - lift [lift]
levantarse - get up ['get ʌp], stand up [stænd ʌp]
liberar - set free [set fri:]
libra esterlina - pound sterling [paund 'stɜ:liŋ]
librería - book shop [buk ʃɔp]
libro de texto - textbook ['teksbuk]
libro, libros - book, books [buk, buks]
lider - leader ['li:də]
ligeramente - slightly ['slaitli]
limpio - clean [kli:n]
 Lina (nombre) - Linda (name)
lista de carga - loading list ['loudiŋ list]
llamar - call [kɔ:l], telephone ['telifoun]
llave - key [ki:]

llegar - arrive [ə'raiv]
llenar - fill [fil], fill up [fil ʌp]
lleno - full [ful]
llover - rain [rein]
lo, la; le, se - it [it]
locutorio - call centre [kɔ:l 'sentə]
Londres - London ['lʌndən]
lunes - Monday ['mʌndei]
madre - mother ['mʌðə]
maestro - teacher ['ti:tʃə]
maldita sea - damn it [dæm it]
malo - bad [bæd]
mano - hand [hænd]
mantequilla - butter ['bʌtə]
manual - manual ['mænjuəl]
mañana - morning ['mɔ:niŋ]
mapa - map [mæp]
máquina - machine [mə'ʃi:n]
maravilloso - wonderful ['wʌndəfəl]
más joven - youngest ['jʌŋgist]
más; más lejos - further ['fɜ:ðə]
matar - kill [kil]
mayor - elder ['eldə], older ['ouldə]
me - me [mi:]
médico - doctor ['dɔktə]
medio - middle ['midl]
mejor - best [best], better ['betə]
mental - mental ['mentl]
merienda - snack time [snæk 'taim]
mes - month [mʌnθ]
mesa - desk [desk]
mesa de baño - bathroom table ['bɑ:θru:m 'teibl]
mesa, mesas - table, tables ['teibl, 'teiblz]
metálico - metal ['metl]
método - method ['meθəd]
mi - my [mai]
micrófono - microphone, mic ['maikrəfoun, 'mik]
miembro - member ['membə]
mientras tanto - meanwhile ['mi:nwail]
mil - thousand ['θauznd]
mil millones - billion ['biliən]
minuto - minute [mai'nju:t]
mirar - look at [luk æt], watch [wɔtʃ]

mirar alrededor - look around [luk əˈraund]

misterio - mystery [ˈmɪstəri]

mitad - half [hɑːf]

mojado - wet [wet]

molestar - bother [ˈbɔðə]

mono - monkey [ˈmʌŋki]

monótono - monotonous [məˈnɔtənəs]

morder - bite [bait]

morir - die [dai]

mortal - deadly [ˈdedli]

mosquito - mosquito [məˈskiːtou]

motor - engine [ˈendʒin]

moverse - move [muːv]

mucho, mucha - many [ˈmeni], a lot of [ə lɔt ɔv], much [ˈmʌtʃ]

mueble - furniture [ˈfɜːnitʃə]

mujer - woman [ˈwumən]

multa - ticket [ˈtikit]

muñeco - doll [dɔl]

múscia - music [ˈmjuːzik]

muy, mucho - very [ˈveri]

nacionalidad - nationality [ˌnæʃəˈnæliti]

nada - nothing [ˈnʌθiŋ]

nadar - swim [swim]

nariz, narices - nose, noses [nouz, ˈnouziz]

nativo - native [ˈneitiv]

naturaleza - nature [ˈneitʃə]

nave espacial - spaceship [ˈspeis ʃip]

necesitar - need [niːd]

negro, negra - black [blæk]

niños, niñas - children [ˈtʃildrən]

no - no [nou]

no poder - cannot [ˈkænɔt]

noche - night [nait]

nombrar - name [ˈneim]

nombre - name [ˈneim]

normalmente - usually [ˈjuːʒəli]

nosotros - we [wi]

nota - note [nout]

noveno - ninth [nainθ]

novia - girlfriend [ˈgɜːlfrend]

novio - boyfriend [ˈbɔifrend]

nueve - nine [nain]

nuevo, nueva - new [njuː]

número - number [ˈnʌmbə]

nunca - never [ˈnevə]

obtener - get [ˈget]

ocho - eight [eit]

octavo - eighth [eitθ]

odiar - hate [heit]

ojo, ojos - eye, eyes [ai, aiz]

ojos muy abiertos de sorpresa - eyes wide with surprise [aiz waid wið səˈpraiz]

ola - wave [weiv]

oler mal - stink [stiŋk]

olvidar - forget [fəˈget]

once - eleven [iˈlevn]

orca - killer whale [ˈkilə weil]

ordenador - computer [kəmˈpjuːtə]

ordenar - order [ˈɔːdə]

oreja - ear [iə]

oscuridad; oscuro - dark [dɑːk]

otra vez - again [əˈgen]

otro - another [əˈnʌðə]

padre - dad [dæd], father [ˈfɑːðə]

padres - parents [ˈpeərənts]

paga - pocket money [ˈpɔkit ˈmʌni]

pagar - pay [pei]

país - country [ˈkʌntri]

pájaro, ave - bird [bɜːd]

palabra - word [ˈwɜːd]

palabra, palabras - word, words [ˈwɜːd, ˈwɜːdz]

pálido - pale [peil]

pan - bread [bred]

pánico - panic [ˈpænik]

pantalones - trousers [ˈtrauzəz]

papel - paper [ˈpeipə]

paracaídas - parachute [ˈpærəʃuːt]

paracaidista - parachutist [ˈpærəʃuːtist]

parada de autobús - bus stop [bʌs stɔp]

parar - stop [stɔp]

parque de la ciudad - city park [ˈsiti pɑːk]

parque, parques - park, parks [pɑːk, pɑːks]

parte - part [pɑːt]

participante - participant [pɑːˈtisipənt]

participar - take part [teik pɑːt]

pasar - happen [ˈhæpən]

pasillo - corridor [ˈkɔridɔː]

patio - farm yard [fɑːm jɑːd]

patrulla policial - police patrol [pəˈliːs pəˈtroul]

patrullar - patrol [pəˈtroul]

pegar - hit [hit]

película - film [film]

pensamiento - thought [ˈθɔːt]

pensar - think [ˈθiŋk]

pequeño - little [ˈlitl], small [smɔːl]

pequeño, pequeña - little [ˈlitl]

perder - lose [luːz]

perdón - excuse me [ikˈskjuːz miː]

periódico - newspaper [ˈnjuːspeipə]

periodista - journalist [ˈdʒɜːnəlist]

pero - but [bʌt]

perro, perros - dog, dogs [dɔg, dɔgz]

persecución - pursuit [pəˈsjuːt]

personal - personnel [ˌpɜːsəˈnel]

petróleo - oil [ɔil]

petrolero - tanker [ˈtæŋkə]

pez - fish [fiʃ]

piedra - stone [stoun]

pierna - leg [leg]

pisar - step [step]

plan - plan [plæn]

planeta - planet [ˈplænit]

plato - plate [pleit]

plaza - square [skweə]

pluma, plumas - pen, pens [pen, penz]

pobre - poor [puə]

pocos, pocas - few [fjuː]

poder - can [kæn], may [mei]

policía - policeman [pəˈliːsmən]

Polonia - Poland [ˈpoulənd]

poloto - pilot [ˈpailət]

poner - put [ˈput]

por - along [əˈlɔŋ], per [pɜː]

por delante - past [pɑːst]

por favor - please [pliːz]

por qué - why [wai]

por, a través de - through [θruː]

por, para - for [fɔː]

porque - because [biˈkɔz]

posibilidad - chance [tʃɑːns], possibility [ˌpɔsəˈbiliti]

posible - possible [ˈpɔsəbl]

precio - price [prais]

preguntarse - wonder [ˈwʌndə]

preparar - prepare [priˈpeə]

presentarse - apply [əˈplai]

pretender, fingir - pretend [priˈtend]

primero - first [ˈfɜːst]

problema - problem [ˈprɔbləm]

producir, fabricar - make [ˈmeik]

profesión - profession [prəˈfeʃn]

profesor - teacher [ˈtiːtʃə]

programa informático - computer program [kəmˈpjuːtə ˈprougræm]

programador - programmer [ˈprougræmə]

propietario - owner [ˈounə]

propio - own [oun]

proteger - protect [prəˈtekt]

público - audience [ˈɔːdiəns]

pueblo - village [ˈvilidʒ]

puente - bridge [bridʒ]

puerta - door [dɔː]

puerta trasera - back door [bæk ˈdɔː]

que - than [ðæn]

qué - what [ˈwɔt]

qué pasa - what's the matter [ˈwɔts ðə ˈmætə]

quedar - remain [riˈmein]

querer - want [wɔnt]

querer, amar - love [ˈlʌv]

química - chemistry [ˈkemistri]

químico - chemical [ˈkemikl]

quince - fifteen [ˌfifˈtiːn]

quinto - fifth [ˈfifθ]

radar - radar [ˈreidɑː]

radio - radio [ˈreidiou]

rápidamente - quickly [ˈkwikli]

rápido - fast [fɑːst], quick [kwik]

raro - strange [streindʒ]

rata - rat [ræt]

razón - reason [ˈriːzən]

real - real [riəl]

rebote - ricochet [ˈrikəʃei]

rechazar - refuse [riˈfjuːz]

recomendación - recommendation [ˌrekəmenˈdeiʃn]

recomendar - recommend [ˌrekəˈmend]

124

recordar - remember [riˈmembə]
recuperación - rehabilitation [ˌriːəˌbiliˈteiʃn]
recuperar - rehabilitate [ˌriːəˈbiliteit]
redondo - round [ˈraund]
regla - rule [ruːl]
Reino Unido - United Kingdom [juˈnaitid ˈkiŋdəm]
reirse - laugh [lɑːf]
reloj - watch [wɔtʃ]
rendirse - give up [giv ʌp]
reproductor de CD - CD player [ˌsiːˈdiː ˈpleiə]
residencia de estudiantes - dorm, dormitory [ˈdɔːm, ˈdɔːmitri]
responder - answer [ˈɑːnsə]
revisar - check [tʃek]
revisión médica - medical test [ˈmedikl ˈtest]
revista - magazine [ˌmægəˈziːn]
rico - tasty [ˈteisti]
robar - steal [stiːl]
robo - robbery [ˈrɔbəri]
rojo - red [red]
romántico - romantic [rəˈmæntik]
romper - break [breik]
rueda delantera - front wheel [frʌnt ˈwiːl]
sábado - Saturday [ˈsætədei]
saber - know [nou]
saber, conocer - know [nou]
sacudir - shake [ʃeik]
saltar - jump [dʒʌmp]
salto - jump [dʒʌmp]
salud - health [helθ]
salvar - save [seiv]
salvar la vida a alguien - save somebody's life [seiv ˈsəmˌbɑːdi laif]
sargento - sergeant [ˈsɑːdʒənt]
secar - dry [drai]
secretaria - secretary [ˈsekrətəri]
secreto - secret [ˈsiːkrit]
segundo - second [ˈsekənd]
seguro - sure [ʃuə]
seis - six [siks]
semilla - seed [siːd]
sencillo - simple [ˈsimpl]

sentarse - sit down [sit daun]
sentarse, estar sentado - sit [sit]
sentir - be sorry [bi ˈsɔri], feel [fiːl]
sentirse molesto por - mind [maind]
señor - sir [sɜː]
señora - madam [ˈmædəm]
séptimo - seventh [ˈsevnθ]
ser, estar - be [bi]
serie - serial [ˈsiəriəl]
servicio de socorro - rescue service [ˈreskjuː ˈsɜːvis]
sesenta - sixty [ˈsiksti]
sexo - sex [seks]
sexto - sixth [siksθ]
sí - yes [jes]
siete - seven [ˈsevn]
siguiente - next [nekst]
silencioso - quiet [ˈkwaiət], silent [ˈsailənt]
silla - chair [tʃeə]
simpático - friendly [ˈfrendli]
sirena - siren [ˈsaiərən]
sitio, lugar - place [ˈpleis]
situación - situation [ˌsitʃuˈeiʃn]
sobre - about [əˈbaut]
sobre, en - on [ɔn]
solamente, simplemente - just [dʒəst]
sólo - only [ˈounli]
sombrero - hat [hæt]
sonar - ring [riŋ]
sonreir - smile [smail]
sonrisa - smile [smail]
soñar - dream [driːm]
sorprendido - be surprised [bi səˈpraizd]
sorpresa - surprise [səˈpraiz]
spaniel - spaniel [ˈspæniəl]
su - her, his [hə, hiz]
subrayar - underline [ˌʌndəˈlain]
sucio - dirty [ˈdɜːti]
suelo - floor [flɔː]
sueño - dream [driːm]
sueño, sueños - dream, dreams [driːm, driːmz]
supermercado - supermarket [ˈsuːpəmɑːkit]
talento - gift [gift]
también - as well [əz wel], too [tuː]

125

tarea - task [tɑːsk]
taxi - taxi [ˈtæksi]
taza - cup [kʌp]
té - tea [tiː]
teclado - keyboard [ˈkiːbɔːd]
tejado - roof [ruːf]
teléfono - phone [foun]
teléfono móvil - moblie phone
televisión - television [ˈteliˌviʒn], TV-set [ˌtiːˈviːset]
temblar - shake [ʃeik]
temporada - season [ˈsiːzn]
tener - have [hæv]
tener aversión a - dislike [disˈlaik]
tener miedo - afraid [əˈfreid]
tenis - tennis [ˈtenis]
tercero - third [ˈθɜːd]
terminar - finish [ˈfiniʃ]
tetera - kettle [ˈketl]
texto - text [tekst]
tiempo libre - free time [friː ˈtaim]
tiempo, hora - time [ˈtaim]
tienda de deportes - sport shop [spɔːt ʃɔp]
tienda, tiendas - shop, shops [ʃɔp, ʃɔps]
tierra - land [lænd]
tigre - tiger [ˈtaigə]
tipo - kind [kaind]
tirar - pull [pul]
todavía - yet [jet]
todo - everything [ˈevriθiŋ]
todo, toda - all [ɔːl]
tomar - take [teik]
tomar el control de - take over [teik ˈouvə]
tonto - silly [ˈsili]
total - total [ˈtoutl]
trabajador - worker [ˈwɜːkə]
trabajar - work [ˈwɜːk]
trabajo - work [ˈwɜːk]
trabajo de equipo - team work [tiːm ˈwɜːk]
traductor - translator [trænzˈleitə]
tren - train [trein]
tres - three [θriː]
triste - sad [sæd]
truco - trick [trik]
tu eres; tu estás - you are [ju ɑː]

tu(s) - your [jə]
último - last [lɑːst]
un - one [wʌn]
un, una - a, an [a + consonantes; an + vocales] [ei, ən]
una vez - once [wʌns]
una y otra vez - again and again [əˈgen ənd əˈgen]
unir - join [dʒɔin]
universidad, colegio - college [ˈkɔlidʒ]
uno - one [wʌn]
untar con mantequilla - butter [ˈbʌtə]
usual - usual [ˈjuːʒuəl]
vacío - empty [ˈempti]
vale - OK [ˌouˈkei], okay [ˌouˈkei]
vecino - neighbor [ˈneibə]
veinte - twenty [ˈtwenti]
vender - sell [sel]
venir, llegar - come [kʌm]
ventana, ventanas - window, windows [ˈwindou, ˈwindouz]
ver - see [ˈsiː]
verde - green [ˈgriːn]
verter - pour [pɔː]
vestíbulo - hall [hɔːl]
vestido - dress [dres]
vestir - dress [dres]
viajar - travel [ˈtrævl]
vida - life [laif]
videoclub - video-shop
vidrio - glass [ˈglɑːs]
viejo, vieja - old [ould]
viento - wind [wind]
visitante - visitor [ˈvizitə]
vivir - live [laiv]
volar - fly [flai]
volver - come back [kʌm ˈbæk], go back [gou ˈbæk]
voz - voice [vɔis]
y - and [ænd]
ya - already [ɔːlˈredi]
yo - I [ˈai]
yo soy; yo estoy - I am [ˈai æm]
zoo - zoo [zuː]
zorro - fox [fɔks]

126

The 1300 important English words

Days of the week		Días de la semana
Sunday	['sʌndɪ]	el domingo
Monday	['mʌndɪ]	el lunes
Tuesday	['tju:zdɪ]	el martes
Wednesday	['wenzdɪ]	el miércoles
Thursday	['θə:zdɪ]	el jueves
Friday	['fraɪdɪ]	el viernes
Saturday	['sætədɪ]	el sábado
week	[wɪ:k]	el semana
day	[deɪ]	el día
night	[naɪt]	la noche
today	[tə'deɪ]	hoy
yesterday	['jestədɪ]	ayer
tomorrow	[tə'mɔrəu]	mañana
morning	['mɔ:nɪŋ]	la mañana
evening	['ɪ:vnɪŋ]	la noche

Months		Meses
January	['dʒænjuərɪ]	enero
February	['febjuərɪ]	febrero
March	[mɑtʃ]	marzo
April	['eɪpr(ə)l]	abril
May	[meɪ]	mayo
June	[dʒun]	junio
July	[dʒu(:)'laɪ]	julio
August	['ɔgʌst]	agosto
September	[sep'tembə]	septiembre
October	[ɒk'təubə]	octubre
November	[nəu'vembə]	noviembre

December	[dɪ'sembə]	diciembre
Seasons of the year		**Estaciones del año**
winter	[ˈwɪntə]	el invierno
spring	[sprɪŋ]	la primavera
summer	[ˈsʌmə]	el verano
autumn	[ˈɔːtəm]	el otoño
Family		**la familia**
aunt	[ɑːnt]	tía
brother	[ˈbrʌðə]	hermano
children	[ˈʧɪldr(ə)n]	niños
dad		papá
daughter	[ˈdɔːtə]	hija
family	[ˈfæm(ə)lɪ]	familia
father	[ˈfɑːðə]	padre
granddaughter	[ˈgræn(d)ˌdɔːtə]	nieta
grandfather	[ˈgræn(d)ˌfɑːðə]	abuelo
grandmother	[ˈgræn(d)ˌmʌðə]	abuela
grandparents	[ˈgræn(d)ˌpeər(ə)nts]	abuelos
grandson	[ˈgræn(d)sʌn]	nieto
great-grandfather	[ˌgreɪtˈgrændˌfɑːðə]	bisabuelo
great-grandmother	[greɪt-ˈgræn(d)ˌmʌðə]	bisabuela
mother	[ˈmʌðə]	madre
nephew	[ˈnefjuː]	sobrino
niece	[niːs]	sobrina
parents	[ˈpeər(ə)nts]	padres
sister	[ˈsɪstə]	hermana
son	[sʌn]	hijo
uncle	[ˈʌŋkl]	tío

Appearance and qualities		Apariencia y cualidades
active	[ˈæktɪv]	activo
bald	[bɔːld]	calvo
character	[ˈkærəktə]	carácter
clever	[ˈklevə]	inteligente
considerate	[kənˈsɪd(ə)rət]	considerado / atento
creative	[krɪˈeɪtɪv]	creativo
cruel	[ˈkruːəl]	cruel
curly	[ˈkɜːlɪ]	rizado
energetic	[ˌɛnəˈdʒɛtɪk]	energético
fat	[fæt]	grasa
generous	[ˈdʒen(ə)rəs]	generoso
greedy	[ˈgriːdɪ]	codicioso
hairy	[ˈheərɪ]	peludo
handsome	[ˈhæn(d)səm]	hermoso
kind	[kaɪnd]	amable
married	[ˈmærɪd]	casado
old	[əuld]	antiguo
plump	[plʌmp]	gordito
polite	[pəˈlaɪt]	cortés / educado
poor	[puə]	pobre
pretty	[ˈprɪtɪ]	bonito
rich	[rɪtʃ]	rico
rude	[ruːd]	grosero
short	[ʃɔːt]	corto
single	[ˈdʒen(ə)rəs]	soltero
skinny	[ˈskɪnɪ]	flaco
slim	[slɪm]	delgado
straight	[streɪt]	sincero

strong	[strɔŋ]	fuerte
stupid	['stju:pɪd]	estúpido
tactful	['tæktf(ə)l]	diplomático / discreto
talented	['tæləntɪd]	talentoso
tall	[tɔ:l]	alto
thin	[θɪn]	delgado
ugly	['ʌglɪ]	feo
unkind	[ʌn'kaɪnd]	desagradable / antipático
weak	[wi:k]	débil
young	[jʌŋ]	joven

Emotions — Emociones

bored	[bɔ:d]	aburrido
confident	['kɔnfɪd(ə)nt]	confidente
content	[kən'tent]	contento
curious	['kjuərɪəs]	curioso / interesado
ecstatic	[ɪk'stætɪk]	eufórico
emotion	[ɪ'məuʃ(ə)n]	emoción
excited	[ɪk'saɪtɪd]	emocionado
goofy	['gu:fɪ]	bobo / ridículo
happy	['hæpɪ]	contento
hoping	['həupɪŋ]	esperanzado
hungry	['hʌŋgrɪ]	hambriento
lonely	['ləunlɪ]	solitario
mischievous	['mɪstʃɪvəs]	travieso / malvado
nervous	['nɜ:vəs]	nervioso
offended	[ə'fend]	ofendido
sad	[sæd]	triste
scared	[skeəd]	asustado
shocked	[ʃɔkd]	conmocionado
sleepy	['sli:pɪ]	adormilado

surprised	[sə'praɪzd]	sorprendido
thirsty	['θɜːstɪ]	sediento
tired	['taɪəd]	cansado

Clothes — Ropa

anorak	[ˈæn(ə)ræk]	el anorak
belt	[belt]	el cinturón
blouse	[blauz]	la blusa
boots	[buːts]	botas
bracelet	[ˈbreɪslɪt]	la pulsera
cap	[ˈkæp]	la gorra
cardigan	[ˈkɑːdɪgən]	el cárdigan
clothes	[kləuðz]	la ropa
coat	[kəut]	el chaquetón
dress	[dres]	el vestido
earring	[ˈɪərɪŋ]	el pendiente
fur coat	[fɜː kəut]	el abrigo de piel
glasses	[ˈglɑːsɪz]	gafas
glove	[glʌv]	el guante
hat	[hæt]	el sombrero
jacket	[ˈdʒækɪt]	la chaqueta
jeans	[dʒiːnz]	pantalones / vaqueros
jersey	[ˈdʒɜːzɪ]	el jersey
necklace	[ˈnɛkləs]	el collar
nightie	[ˈnaɪtɪ]	el camisón
pyjamas	[pəˈdʒɑːməs]	el pijama
raincoat	[ˈreɪnkəut]	el impermeable
ring	[rɪŋ]	el anillo
sandals	[ˈsænd(ə)lz]	sandalias
scarf	[skɑːf]	la bufanda
shirt	[ʃɜːt]	la camisa

shoes	[ʃuː]	zapatos
shorts	[ʃɔːts]	el pantalón corto
skirt	[skɜːt]	la falda
slippers	[ˈslɪpəz]	pantuflas
sneakers	[ˈsniːkəz]	zapatillas
socks	[sɔk]	calcetines
stockings	[ˈstɒkɪŋz]	medias
suit	[s(j)uːt]	el traje
sweater	[ˈswetə]	la sudadera
swimsuit	[ˈswɪmˌsuːt]	el traje de baño
tie	[taɪ]	la corbata
tights	[taɪts]	medias
tracksuit	[ˈtræks(j)uːt]	el chándal
trousers	[ˈtrauzəz]	pantalones
T-shirt	[ˈtiːʃɜːt]	la camiseta
umbrella	[ʌmˈbrɛlə]	el paraguas
pants	[pænts]	el pantalón
watch	[wɒtʃ]	el reloj

House and furniture

Casa y muebles

alarm clock	[əˈlɑːmˌklɔk]	el despertador
apartment	[əˈpɑːtmənt]	el apartamento
balcony	[ˈbælkənɪ]	el balcón
bathroom	[ˈbɑːθruːm]	el baño
bed	[bed]	la cama
bedroom	[ˈbedruːm]	el cuarto
bedspread	[ˈbedspred]	la colcha
bench	[bentʃ]	el banco
blanket	[ˈblæŋkɪt]	la manta
bookcase	[ˈbukkeɪs]	la librería / estantería
carpet	[ˈkɑːpɪt]	la alfombra

casket	['kɑ:skɪt]	el joyero
chair	[ʧeə]	la silla
closet	['klɔzɪt]	el armario (empotrado)
cupboard	['kʌbəd]	la alacena
curtain	['kɜ:tən]	la cortina
desk	[desk]	el escritorio
dining room	['daɪnɪŋ͵rum]	el comedor
door	[dɔ:]	la puerta
doorbell	['dɔ:bel]	timbre de la puerta
downstairs	['daun'steəz]	abajo
furniture	['fɜ:nɪʧə]	el mueble
garage	['gærɑ:ʒ]	el garaje
hall	[hɔ:l]	la sala / el vestíbulo
hallway	['hɔ:lweɪ]	el pasillo
house	[haus]	la casa
interior	[ɪn'tɪərɪə]	el interior
kitchen	['kɪʧɪn]	la cocina
lamp	[læmp]	la lámpara
living room	['lɪvɪŋ͵rum]	la sala
mailbox	['meɪlbɔks]	el buzón
mattress	['mætrəs]	el colchón
mirror	['mɪrə]	el espejo
nightstand	[naɪtstænd]	la mesita de noche
picture	['pɪkʧə]	la imagen / el dibujo
pillow	['pɪləu]	la almohada
pillowcase	['pɪləukeɪs]	la funda de almohada
roof	[ru:f]	el techo
room	[ru:m]	la habitación
safe	[seɪf]	la caja fuerte
sheet	[ʃi:t]	la sábana

shelf	[ʃelf]	el estante
shower	['ʃəuə]	la ducha
sofa	['səufə]	el sofá
stairs	[steə'z]	la escalera
stool	[stu:l]	el taburete
table	['teɪbl]	la mesa
toilet	['tɔɪlət]	el baño
upstairs	[ʌp'steəz]	piso de arriba
window	['wɪndəu]	la ventana

Kitchen — La cocina

burner	['bɜ:nə]	la hornilla
cabinet	['kæbɪnət]	el armario
canister	['kænɪstə]	frasco / lata / bote
chair	[ʧeə]	la silla
cookbook	['kukbuk]	libro de cocina
dishwasher	['dɪʃ,wɔʃə]	el lavavajillas
faucet	['fɔ:sɪt]	el grifo
freezer	['fri:zə]	el congelador
kitchen	['kɪtʃɪn]	la cocina
kitchenware	['kɪtʃɪnweə]	el menaje de cocina
microwave	['maɪkrə(u)weɪv]	el microonda
oven	['ʌv(ə)n]	el horno
refrigerator	[rɪ'frɪʤ(ə)reɪtə]	el refrigerador
sink	[sɪŋk]	el lavabo
sponge	[spʌnʤ]	la esponja
stove	[stəuv]	fogón / cocina
table	['teɪbl]	la mesa
toaster	['təustə]	la tostadora
towel	['tauəl]	la toalla

Tableware   Vajilla

English	Pronunciation	Spanish
bottle	['bɔtl]	la botella
bowl	[bəʊl]	el cuenco
coffeepot	['kɔfɪpɔt]	la cafetera
cup	[kʌp]	la taza
fork	[fɔ:k]	el tenedor
frying pan	['fraɪɪŋ ˌpæn]	la sartén
glass	[glɑ:s]	el vaso
jug	[ʤʌg]	la jarra
kettle	['ketl]	la tetera
knife	[naɪf]	el cuchillo
lid	[lɪd]	la tapa
mug	[mʌg]	la jarra
napkin	['næpkɪn]	la servilleta
pan	[pæn]	la sartén
pepper shaker	['pepə ˌʃeɪkə]	el pimentero
plate	[pleɪt]	el plato
salt shaker	[sɔ:lt 'ʃeɪkə]	el salero
saucepan	['sɔ:spən]	la cacerola / olla / el cazo
spoon	[spu:n]	la cuchara
sugar bowl	['ʃugə bəʊl]	el azucarero
tableware	['teɪblweə]	la vajilla
teapot	['ti:pɔt]	la tetera

Food   Comida

English	Pronunciation	Spanish
baked	[beɪkt]	horneado
bean	[bi:n]	el frijol / la judía / la habichuela
beef	[bi:f]	la carne de vaca
bitter	['bɪtə]	amargo
bread	[bred]	el pan de molde

butter	['bʌtə]	la mantequilla
cake	[keɪk]	pastel / la tarta
candy	['kændɪ]	el caramelo
caviar	['kævɪɑː]	el caviar
cheese	[ʧiːz]	el queso
chicken	['ʧɪkɪn]	el pollo
chocolate	['ʧɔklət]	el chocolate
cocktail	['kɔkteɪl]	el cóctel
cocoa	['kəukəu]	el cacao
coffee	['kɔfɪ]	el café
cookie	['kukɪ]	la galleta
croissant	['krwɑːsɑːŋ]	croissant
cutlet	['kʌtlət]	la chuleta
egg	[eg]	el huevo
fish	[fɪʃ]	el pescado
flour	['flauə]	la harina
food	[fuːd]	la comida
fried	[fraɪd]	frito
fruit	[fruːt]	la fruta
ham	[hæm]	el jamón
ice cream	[ˌaɪs'kriːm]	el helado
jam	[ʤæm]	la mermelada
jelly	['ʤelɪ]	la gelatina
juice	[ʤuːs]	el jugo / el zumo
ketchup	['keʧʌp]	la salsa de tomate / el kétchup
macaroni	[ˌmæk(ə)'rəunɪ]	macarrones
mayonnaise	[ˌmeɪə'neɪz]	la mayonesa
meat	[miːt]	la carne
milk	[mɪlk]	la leche
pancake	['pænkeɪk]	el crepe

pasta	['pæstə]	la pasta
pepper	['pepə]	la pimienta
pie	[paɪ]	la tarta
pizza	['piːtsə]	la pizza
pork	[pɔːk]	el cerdo
porridge	['pɔrɪdʒ]	crema de avena
potato	[pə'teɪtəu]	la patata
rice	[raɪs]	el arroz
salad	['sæləd]	la ensalada
salt	[sɔːlt]	la sal
salted	['sɔːltɪd]	salado
sandwich	['sænwɪdʒ]	el sándwich
sauce	[sɔːs]	la salsa
sausage	['sɔsɪdʒ]	la salchicha
soup	[suːp]	la sopa
sour	['sauə]	agrio
spice	[spaɪs]	especia
steak	[steɪk]	el filete
sugar	['ʃugə]	el azúcar
sweet	[swiːt]	dulce
tea	[tiː]	el té
vegetables	['vedʒ(ə)təbls]	vegetales

Meat and fish · Carne y pescado

meat	[miːt]	la carne
beef	[biːf]	la carne de vaca / de res
lamb	[læm]	el cordero
mutton	[mʌtn]	carne de cordero
pork	[pɔːk]	el cerdo
veal	[viːl]	la ternera
venison	['vɛnɪs(ə)n]	el venado

137

bacon	['beɪkən]	el tocino
ham	[hæm]	el jamón
liver	['lɪvə]	el hígado
kidneys	['kɪdnɪz]	riñones
poultry	['pəʊltrɪ]	aves de corral
chicken	['tʃɪkɪn]	el pollo
turkey	['tɜːkɪ]	el pavo
duck	[dʌk]	el pato
goose	[guːs]	el ganso
fish	[fɪʃ]	el pescado
cod	[kɒd]	el bacalao
trout	[traʊt]	la trucha
salmon	['sæmən]	el salmón
hake	[heɪk]	la merluza
plaice	[pleɪs]	la platija / solla
mackerel	['mæk(ə)rəl]	la caballa
sardine	[sɑːˈdiːn]	la sardina
herring	['hɛrɪŋ]	el arenque
seafood	['siːfuːd]	el marisco
prawn	[prɔːn]	la gamba
shrimp	[ʃrɪmp]	el camarón
mussel	['mʌs(ə)l]	el mejillón
oyster	['ɔɪstə]	la ostra
lobster	['lɒbstə]	la langosta
squid	[skwɪd]	el calamar
crab	[kræb]	el cangrejo

Fruit / Fruta

apple	['æpl]	la manzana
apricot	['eɪprɪkɔt]	el albaricoque
banana	[bəˈnɑːnə]	el plátano

fruit	[fru:t]	la fruta
grape	[greɪp]	la uva
grapefruit	['greɪpfru:t]	el pomelo
kiwi	['ki:wi:]	el kiwi
lemon	['lemən]	el limón
lime	[laɪm]	la lima
mango	['mæŋgəu]	el mango
melon	['melən]	el melón
peach	[pi:ʧ]	el melocotón
pear	[peə]	la pera
pineapple	['paɪnæpl]	la piña
plum	[plʌm]	la ciruela

Vegetables / Verduras

beans	[bi:nz]	frijoles
beet	[bi:t]	la remolacha
cabbage	['kæbɪʤ]	repollo / la col
carrot	['kærət]	la zanahoria
celery	['sel(ə)rɪ]	el apio
cucumber	['kju:kʌmbə]	el pepino
dill	[dɪl]	el eneldo
eggplant	['egplɑ:nt]	la berenjena
garlic	['gɑ:lɪk]	el ajo
onion	['ʌnjən]	la cebolla
parsley	['pɑ:slɪ]	el perejil
pea	[pi:]	el guisante
pepper	['pepə]	la pimienta
potato	[pə'teɪtəu]	la patata
pumpkin	['pʌmpkɪn]	la calabaza
radish	['rædɪʃ]	el rábano
tomato	[tə'mɑ:təu]	el tomate

vegetable	[ˈvedʒ(ə)təbl]	la verdura

Beverages / Bebidas

alcohol	[ˈælkəhɒl]	el alcohol
alcoholic beverage	[ælkəˈhɒlɪk ˈbevərɪdʒ]	bebida alcohólica
beer	[bɪə]	la cerveza
beverage	[ˈbɛvərɪdʒ]	la bebida
cocktail	[ˈkɒkteɪl]	el cóctel
cocoa	[ˈkəʊkəʊ]	el cacao
coffee	[ˈkɒfɪ]	el café
drink	[drɪŋk]	el beber
fruit juice	[fruːt dʒuːs]	el zumo de frutas
iced tea	[aɪst tiː]	el té helado
juice	[dʒuːs]	el jugo / zumo
lemonade	[ˌlɛməˈneɪd]	la limonada
milk	[mɪlk]	la leche
milkshake	[ˈmɪlkʃeɪk]	el batido
orange juice	[ˈɒrɪndʒ dʒuːs]	el zumo de naranja
soft drink	[sɒft drɪŋk]	el refresco
tea	[tiː]	el té
tomato juice	[təˈmɑːtəʊ dʒuːs]	el jugo / zumo de tomate
vegetable juice	[ˈvedʒ(ə)təbl dʒuːs]	jugo de verduras
water	[ˈwɔːtə]	el agua
wine	[waɪn]	el vino

Cooking / Cocina

add	[æd]	añadir
bake	[beɪk]	hornear
beat	[biːt]	golpear
boil	[bɔɪl]	hervir
chop	[tʃɒp]	picar
cook	[kʊk]	cocinar

cooking	[ˈkʊkɪŋ]	cocer
fry	[fraɪ]	freír
grate	[greɪt]	rallar
grill	[grɪl]	parrilla
melt	[mɛlt]	derretir
mince	[mɪns]	picar / moler
mix	[mɪks]	mezclar
peel	[piːl]	pelar
pour	[pɔː]	verter
roast	[rəʊst]	asar
sift	[sɪft]	colar
simmer	[ˈsɪmə]	hervir a fuego lento
slice	[slaɪs]	rebanada
stir	[stɜː]	remover / mezclar / revolver
wash	[wɒʃ]	lavar
weigh	[weɪ]	pesar
whisk	[wɪsk]	batir

Housekeeping — Trabajo domestico

air	[eər]	el aire
bleach	[bliːtʃ]	la lejía / blanqueador
broom	[bruːm]	la escoba
bucket	[ˈbʌkɪt]	el cubo
cleanser	[ˈklɛnzə]	el limpiador
clothespin	[ˈkləʊðzpɪn]	la pinza de ropa
dirt	[dɜːrt]	la suciedad
dust	[dʌst]	el polvo
dustpan	[ˈdʌs(t)pæn]	el recogedor
empty	[ˈemptɪ]	vaciar
garbage	[ˈgɑːrbɪdʒ]	la basura
housekeeping	[ˈhaʊskiːpɪŋ]	trabajo domestico

iron	[ˈaɪən]	la plancha
ironing board	[ˈaɪənɪŋbɔːd]	la tabla de planchar
laundry	[ˈlɔːndrɪ]	la ropa sucia
laundry detergent	[ˈlɔːndrɪ dɪˈtɜːdʒ(ə)nt]	el detergente
mop	[mɒp]	la fregona
rag	[ræg]	el trapo
sponge	[spʌndʒ]	la esponja
sweep	[swiːp]	barrer
trash can	[ˈtræʃˌkæn]	el cubo de basura
vacuum cleaner	[ˈvækjuːmˌkliːnə]	el aspirador
wipe	[waɪp]	limpiar

Body care		**Cuidado del cuerpo**
care	[keə]	el cuidado
cologne	[kəˈləun]	la colonia
comb	[kəum]	el peine
dental floss	[ˌdentlˈflɒs]	el hilo dental
deodorant	[dɪˈəud(ə)r(ə)nt]	el desodorante
fan	[fæn]	el ventilador
freshener	[ˈfreʃ(ə)nə]	el ambientador
hairpin	[ˈheəpɪn]	la horquilla
hamper	[ˈhæmpə]	el cesto
hygiene	[ˈhaɪdʒiːn]	la higiene
lipstick	[ˈlɪpstɪk]	el lápiz labial
mascara	[mæˈskɑːrə]	el rímel
mirror	[ˈmɪrə]	el espejo
mouthwash	[ˈmauθwɒʃ]	el enjuague bucal
nail polish	[ˈneɪlˌpɒlɪʃ]	el esmalte de uñas
perfume	[ˈpɜːfjuːm]	el perfume
razor	[ˈreɪzə]	la maquinilla de afeitar
scale	[skeɪl]	la báscula

scissors	['sɪzəz]	tijeras
shampoo	[ʃæm'puː]	el champú
shaving cream	['ʃeɪvɪŋ ˌkriːm]	la crema de afeitar
shower	['ʃəuə]	la ducha
sink	[sɪŋk]	el lavabo
soap	[səup]	el jabón
sponge	[spʌndʒ]	la esponja
toilet	['tɔɪlət]	el baño
toothbrush	['tuːθbrʌʃ]	el cepillo de dientes
toothpaste	['tuːθpeɪst]	la pasta dental
towel	['tauəl]	la toalla
tweezers	['twiːzəz]	pinzas

Weather — Clima

breeze	[briːz]	la brisa
bright	[braɪt]	brillante
chilly	['ʧɪlɪ]	frío
cloudy	['klaudɪ]	nublado
cold	[kəuld]	frío / helado
cool	[kuːl]	fresco
fog	[fɔg]	niebla
foggy	['fɔgi]	brumoso
frosty	['frɔstɪ]	escarchado
hail	[heɪl]	granizo
heat	[hiːt]	calor
hot	[hɔt]	caliente
lightning	['laɪtnɪŋ]	relámpago
mist	[mɪst]	niebla
rain	[reɪn]	lluvia
rainy	['reɪnɪ]	lluvioso
shower	['ʃauə]	llovizna

snow	[snəu]	nieve
sunny	['sʌnɪ]	soleado
temperature	[ˈtɛmp(ə)rətʃə]	temperatura
weather	['weðə]	clima
wind	[wɪnd]	viento
windy	['wɪndɪ]	ventoso

Transport / Transporte

airplane	['eəpleɪn]	el avión
ambulance	['æmbjələn(t)s]	la ambulancia
bicycle	[ˈbaɪsɪk(ə)l]	la bicicleta
boat	[bəʊt]	el barco
bus	[bʌs]	el autobús
car	[kɑ:]	el coche
helicopter	['helɪkɔptə]	el helicóptero
motorcycle	['məutəˌsaɪkl]	la motocicleta
police car	[pə'li:s kɑ:]	el coche de policía
road	[rəud]	la carretera
sailboat	['seɪlbəut]	el velero
scooter	[ˈsku:tə]	la scooter
ship	[ʃɪp]	enviar
street	[stri:t]	la calle
traffic light	['træfɪk 'laɪt]	el semáforo
train	[treɪn]	el tren
tram	[trəm]	el tranvía
transport	[ˌtræn(t)spɔ:'t]	el transporte
truck	[trʌk]	el camión
van	[væn]	la camioneta

City / Ciudad

| alley | ['ælɪ] | el callejón |
| area | [ˈɛ(ə)rɪə] | la zona |

avenue	[ˈævɪnjuː]	la avenida
bakery	[ˈbeɪkərɪ]	la panadería
bank	[ˈbɑnk]	el banco
bar	[bɑː]	el bar
baths	[bɑːθs]	el balneario
bench	[bentʃ]	el banco
bookstore	[ˈbukstɔː]	la librería
bridge	[brɪdʒ]	el puente
building	[ˈbɪldɪŋ]	el edificio
bus stop	[bʌs stɔp]	la parada de autobús
cafe	[ˈkæfeɪ]	la cafetería
car park	[kɑːpɑːk]	el estacionamiento
church	[tʃɜːtʃ]	la iglesia
cinema	[ˈsɪnɪmə]	el cine
circus	[ˈsəːkəs]	el circo
city	[ˈsɪtɪ]	la ciudad
coffee shop	[ˈkɔfɪ ʃɔp]	la cafetería
corner	[ˈkɔːnə]	la esquina
crossing	[ˈkrɔsɪŋ]	el cruce
crosswalk	[ˈkrɒswɔːk]	el paso de peatones
dentist's	[ˈdentɪstz]	el dentista
department store	[dɪˈpɑːtməntˈstɔː]	grandes almacenes
doctor's	[ˈdɔktəz]	el médico
drugstore	[ˈdrʌgstɔː]	la farmacia
fire station	[ˈfaɪəˈsteɪʃən]	la estación de bomberos
flower shop	[ˈflauə ʃɔp]	la tienda de flores / la floristería
flower-bed	[ˈflauəbed]	el arriate de flores
fountain	[ˈfauntɪn]	la fuente
gallery	[ˈgælərɪ]	la galería

gas station	[gæs 'steɪʃ(ə)n]	la gasolinera
gate	[geɪt]	el portón
hair salon	[heəsæ'lɔ:ŋ]	la peluquería
hospital	['hɔspɪt(ə)l]	el hospital
hotel	[həʊ'tɛl]	el hotel
intersection	[ˌɪntə'sekʃən]	la intersección
library	['laɪbr(ə)rɪ]	la biblioteca
map	[mæp]	el mapa
market	['mɑ:kɪt]	el mercado
monument	['mɔnjumənt]	el monumento
movie theater	['mu:vɪ'θɪətə]	el cine
museum	[mju:'zɪəm]	el museo
nightclub	[naɪtklʌb]	el club nocturno
palace	['pælɪs]	el palacio
park	[pɑ:k]	el parque
parking lot	['pɑ:kɪŋ'lɔt]	el aparcamiento
pavement	['peɪvmənt]	el pavimento / la acera
pedestrian crossing	[pɪ'destrɪən'krɔsɪŋ]	el cruce peatonal
pharmacy	['fɑ:məsɪ]	la farmacia
picture gallery	['pɪktʃə'gælərɪ]	la galería de arte
police	[pə'li:s]	la policía
pool	[pu:l]	la piscina
post office	[pəust 'ɔfɪs]	la oficina de correos
restaurant	['restərɔnt]	el restaurante
road	[rəud]	la carretera
road sign	[rəudsaɪn]	la señal de tráfico
school	[sku:l]	el colegio
seat	[si:t]	el asiento
shop	[ʃɔp]	la tienda
sidewalk	['saɪdwɔ:k]	la acera

skyscraper	[ˈskaɪˌskreɪpə]	el rascacielos
square	[skwɛə]	la plaza
stadium	[ˈsteɪdjəm]	el estadio
stall	[stɔːl]	el puesto
statue	[ˈstætjuː]	la estatua
store	[stɔː]	el almacén / el negocio / la tienda
street	[striːt]	la calle
street map	[striːtmæp]	el plano de la ciudad
suburb	[ˈsʌbəːb]	el barrio residencial
subway	[ˈsʌbweɪ]	la metro
supermarket	[ˈs(j)uːpəˌmɑːkɪt]	la supermercado
swimming pool	[ˈswɪmɪŋpuːl]	la piscina
taxi-rank	[ˈtæksɪræŋk]	la parada de taxis
theatre	[ˈθɪətə]	la teatro
town	[taun]	el pueblo
town plan	[taunplæn]	la mapa de la ciudad
town square	[taunskweə]	la plaza de la ciudad
traffic lights	[ˈtræfɪklaɪts]	el semáforo
train station	[treɪn ˈsteɪʃ(ə)n]	la estación de tren
underground	[ˌʌndəˈgraʊnd]	subterráneo
underpass	[ˈʌndəpɑːs]	paso inferior
university	[ˌjuːnɪˈvɜːsɪtɪ]	la Universidad
zoo	[zuː]	el zoo / zoológico

School		**Colegio**
backpack	[ˈbækpæk]	la mochila
bell	[bɛl]	la campana
biology	[baɪˈɒlədʒɪ]	biología
blackboard	[ˈblækbɔːd]	la pizarra
break	[breɪk]	el descanso

calculator	[ˈkælkjʊleɪtə]	la calculadora
chair	[ʧeə]	la silla
chalk	[ʧɔːk]	la tiza
chemistry	[ˈkɛmɪstrɪ]	química
clamp	[klæmp]	abrazadera de papel
classroom	[ˈklɑːsrum]	el aula
clip	[klɪp]	el clip
clipboard	[ˈklɪpbɔːd]	la portapapeles
clock	[klɒk]	el reloj
correction fluid	[kəˈrɛkʃ(ə)n ˌfluːɪd]	el líquido corrector
curriculum	[kəˈrɪkjʊləm]	el plan de estudios
desk	[desk]	el escritorio
drawing	[ˈdrɔːɪŋ]	el dibujo
education	[ˌɛdjʊˈkeɪʃ(ə)n]	la educación
eraser	[ɪˈreɪzə]	el borrador
exam	[ɪgˈzæm]	el examen
examination	[ɪgˌzæmɪˈneɪʃ(ə)n]	el reconocimiento
file	[faɪl]	el archivo
geography	[dʒɪˈɒgrəfɪ]	geografía
globe	[gləʊb]	el globo
glue	[gluː]	el pegamento
headmaster	[ˌhɛdˈmɑːstə]	director de escuela
highlighter	[ˈhaɪlaɪtə]	el rotulador flourescente
history	[ˈhɪst(ə)rɪ]	historia
holiday	[ˈhɒlɪdɪ]	la fiesta
lesson	[ˈlɛs(ə)n]	la lección
locker	[ˈlɒkə]	la taquilla
map	[mæp]	el mapa
mark	[mɑːk]	la marca / señal
marker	[ˈmɑːkə]	el rotulador

148

mathematics	[ˌmæθɪˈmætɪks]	matemáticas
music	[ˈmjuːzɪk]	música
notebook	[ˈnəʊtbʊk]	el cuaderno
notepad	[ˈnəʊtpæd]	el bloc de notas
office supplies	[ˈɔfɪs səˈplaɪs]	el material de oficina
paper	[ˈpeɪpə]	el papel
pen	[pen]	el bolígrafo
pencil	[ˈpen(t)s(ə)l]	el lápiz
pencil case	[ˈpen(t)s(ə)lˌkeɪs]	el estuche
physics	[ˈfɪɪzɪks]	física
puncher	[pʌntʃ]	el puñetazo
pupil	[ˈpjuːp(ə)l]	el alumno
pushpin	[ˈpʊʃpɪn]	la chincheta
ruler	[ˈruːlə]	la regla
school	[skuːl]	el colegio
scissors	[ˈsɪzəz]	tijeras
scotch tape	[ˈskɔtʃˌteɪp]	la cinta adhesiva
semester	[sɪˈmɛstə]	el semestre
sharpener	[ˈʃɑːp(ə)nə]	el sacapuntas
stapler	[ˈsteɪplə]	la grapadora
staples	[ˈsteɪpls]	grapas
stationery	[ˈsteɪʃ(ə)n(ə)rɪ]	la papelería
sticker	[ˈstɪkə]	la pegatina
student	[ˈstjuːd(ə)nt]	el estudiante
tape	[teɪp]	la cinta
teacher	[ˈtiːtʃə]	el profesor
test	[tɛst]	la prueba
textbook	[ˈtekstbʊk]	libro de texto
timetable	[ˈtaɪmˌteɪb(ə)l]	calendario

Professions / Profesiones

Professions		Profesiones
accountant	[əˈkaʊntənt]	el contable
actor	[ˈæktə]	actor
administrator	[ədˈmɪnɪstreɪtə]	administrador
architect	[ˈɑːkɪtɛkt]	arquitecto
artist	[ˈɑːtɪst]	artista
athlete	[ˈæθliːt]	atleta
barber	[ˈbɑːbə]	barbero
barman	[ˈbɑːmən]	barman / camarero / tabernero
bodyguard	[ˈbɒdɪgɑːd]	guardaespaldas
builder	[ˈbɪldə]	constructor
cashier	[kəˈʃɪə]	cajero
cleaner	[ˈkliːnə]	limpiador
coach	[kəʊtʃ]	entrenador
composer	[kəmˈpəʊzə]	compositor
consultant	[kənˈsʌlt(ə)nt]	consultor
cook	[kʊk]	cocinero
courier	[ˈkʊrɪə]	mensajero
dentist	[ˈdɛntɪst]	dentista
designer	[dɪˈzaɪnə]	diseñador
doctor	[ˈdɒktə]	doctor / médico
driver	[ˈdraɪvə]	conductor
economist	[ɪˈkɒnəmɪst]	economista
electrician	[ɪˌlɛkˈtrɪʃ(ə)n]	electricista
engineer	[ˌɛndʒɪˈnɪə]	ingeniero
financier	[f(a)ɪˈnænsɪə]	financiero
fireman	[-ˈfaɪəmən]	bombero
guide	[gaɪd]	guía
hairdresser	[ˈhɛəˌdrɛsə]	peluquero
interpreter	[ɪnˈtɜːprɪtə]	interprete

150

journalist	[ˈdʒɜːn(ə)lɪst]	periodista
lawyer	[ˈlɔːjə]	abogado
librarian	[ɪˌlɛkˈtrɪʃ(ə)n]	bibliotecario
manager	[ˈmænɪdʒə]	gerente
military (man)	[ˈmɪlɪt(ə)rɪ]	militar
musician	[mjuːˈzɪʃ(ə)n]	músico
nurse	[nɜːs]	enfermera
photographer	[fəˈtɒɡrəfə]	fotógrafo
plumber	[ˈplʌmə]	fontanero
policeman	[-pəˈliːsmən]	policía
politician	[ˌpɒlɪˈtɪʃ(ə)n]	político
postman	[-ˈpəʊstmən]	cartero
priest	[priːst]	sacerdote
profession	[prəˈfɛʃ(ə)n]	profesión
programmer	[ˈprəʊɡræmə]	programador
scientist	[ˈsaɪəntɪst]	científico
secretary	[ˈsɛkrət(ə)rɪ]	secretario
shop assistant	[ˈʃɒpəˌsɪstənt]	asistente de ventas
singer	[ˈsɪŋə]	cantante
stylist	[ˈstaɪlɪst]	estilista
taxi driver	[ˈtæksɪˌdraɪvə]	conductor de taxi
teacher	[ˈtiːtʃə]	profesor
vet	[vɛt]	veterinario
waiter	[ˈweɪtə]	camarero
writer	[ˈraɪtə]	escritor
Actions		**Acciones**
bend	[bend]	doblar
carry	[ˈkærɪ]	llevar
catch	[kætʃ]	capturar
crawl	[krɔːl]	gatear

151

dive	[daɪv]	bucear
drag	[dræg]	arrastrar
hit	[hɪt]	golpear
hold	[həuld]	sostener / agarrar
hop	[hɔp]	saltar
jump	[dʒʌmp]	saltar
kick	[kɪk]	patear
lean	[liːn]	apoyarse
lift	[lɪft]	levantar
march	[mɑːtʃ]	desfilar
pull	[pʊl]	tirar
push	[puʃ]	empujar
put	[pʊt]	poner
run	[rʌn]	correr
sit	[sɪt]	sentar
skip	[skɪp]	omitir
slap	[slæp]	abofetear
squat	[skwɔt]	agacharse
stretch	[stretʃ]	estirar
throw	[θrəu]	lanzar
tiptoe	[ˈtɪptəu]	andar de puntillas
walk	[wɔːk]	caminar

Music		**Música**
accompaniment	[tuː əˈkʌmpəni]	acompañamiento
accordion	[əˈkɔːdjən]	acordeón
album	[ˈælbəm]	álbum
bagpipe	[ˈbægpaɪp]	gaita
balalaika	[ˌbæləˈlaɪkə]	balalaica
ballet	[ˈbæleɪ]	ballet
band	[bænd]	banda

bass	[beɪs]	el bajo
bassoon	[bə'su:n]	el fagot / bajón
baton	['bætən]	la batuta
bow	[baʊ]	el arco
brass instruments	[brɑ:s 'ɪnstrəmənts]	instrumentos de latón
cello	['tʃɛləʊ]	el violonchelo
chamber music	['tʃeɪmbə 'mju:zɪk]	música de cámara
clarinet	[ˌklærɪ'nɛt]	el clarinete
classical music	['klæsɪkəl 'mju:zɪk]	la música clásica
compose	[tu: kəm'pəʊz]	componer
composer	[kəm'pəʊzə]	el compositor
concert	['kɒnsət]	el concierto
conductor	[kən'dʌktə]	el dirigente
cymbals	['sɪmbəlz]	platillos
drum	[drʌm]	el tambor
drum sticks	[drʌm stɪks]	baquetas
flute	[flu:t]	la flauta
grand piano	[grænd pɪ'ænəʊ]	el piano de cola
guitar	[gɪ'tɑ:]	la guitarra
harp	[hɑ:p]	el arpa
horn	[hɔ:n]	la trompa / el cuerno
instrumental music	[ˌɪnstrʊ'mɛntl 'mju:zɪk]	música instrumental
loudspeaker	[laʊd'spi:kə]	el altavoz
microphone	['maɪkrəfəʊn]	el micrófono
musical instruments	['mju:zɪkl 'ɪnstrəmənts]	instrumentos musicales
musician	[mju:'zɪʃən]	el músico
oboe	['əʊbəʊ]	el oboe
opera	['ɒpərə]	la ópera
operetta	[ˌɒpə'rɛtə]	la opereta
orchestra	['ɔ:kɪstrə]	la orquesta

organ	[ˈɔːgən]	el órgano
percussion	[pəˈkʌʃən]	la percusión
piano	[pɪˈænəʊ]	el piano
recital	[rɪˈsaɪtl]	el recital
saxophone	[ˈsæksəfəʊn]	el saxofón
single	[ˈsɪŋgl]	el single
soloist	[ˈsəʊləʊɪst]	el solista
song	[sɒŋ]	la canción
sound	[saʊnd]	el sonido
string instruments	[strɪŋ ˈɪnstrəmənts]	instrumentos de cuerda
symphony	[ˈsɪmfəni]	la sinfonía
synthesizer	[ˈsɪnθɪˌsaɪzə]	el sintetizador
transcribe	[tuː trænsˈkraɪb]	transcribir
trombone	[trɒmˈbəʊn]	el trombón
trumpet	[ˈtrʌmpɪt]	la trompeta
tuba	[ˈtjuːbə]	la tuba
video (clip)	[ˈvɪdɪəʊ klɪp]	clip de vídeo / vídeo / grabación
viola	[vɪˈəʊlə]	la viola
violin	[ˌvaɪəˈlɪn]	el violín
virtuoso	[ˌvɜːtjʊˈəʊzəʊ]	virtuoso
wind instruments	[wɪnd ˈɪnstrəmənts]	instrumentos de viento

Sports   **Deportes**

aerobics	[ɛəˈrəʊbɪks]	ejercicios aeróbicos
athletics	[æθˈletɪks]	el atletismo
basketball	[ˈbɑːskɪtbɔːl]	el baloncesto
bowling	[ˈbəʊlɪŋ]	bolos
boxing	[ˈbɒksɪŋ]	el boxeo
canoeing	[kəˈnuːɪŋ]	el piragüismo
cycling	[ˈsaɪklɪŋ]	el ciclismo

dancing	['dɑ:nsɪŋ]	bailar
diving	['daɪvɪŋ]	el buceo
football	['futbɔ:l]	el fútbol
golf	[gɔlf]	el golf
gymnastics	[dʒɪm'næstɪks]	la gimnasia
hockey	['hɔkɪ]	el hockey
jogging	['dʒɔgɪŋ]	trotar / jogging / footing
judo	['dʒu:dəu]	el judo
karate	[kə'rɑ:tɪ]	el kárate
parachuting	['pærəʃu:tɪŋ]	el paracaidismo
ping-pong	['pɪŋˌpɔŋ]	el ping pong
racing	['reɪsɪŋ]	la carrera
sailing	['seɪlɪŋ]	la navegación
shooting	['ʃu:tɪŋ]	el tiro
skateboarding	['skeɪtbɔ:dɪŋ]	el Skateboarding
skating	['skeɪtɪŋ]	el patinaje
skiing	['ski:ɪŋ]	esquiar
sledding	['sledɪŋ]	el trineo
swimming	[swimiŋ]	la natación
soccer	['sɒkə]	el fútbol
tennis	['tenɪs]	el tenis
volleyball	['vɒlɪbɔ:l]	el voleibol
weightlifting	['weɪtˌlɪftɪŋ]	el levantamiento de pesas
wrestling	['reslɪŋ]	la lucha
yachting	['jɔtɪŋ]	navegación en yate

Body		**Cuerpo**
ankle	['æŋkl]	el tobillo
arm	[ɑ:m]	el brazo
back	[bæk]	la espalda
bald	[bɔ:ld]	calvo

155

beard	[bɪəd]	la barba
body	['bɔdɪ]	el cuerpo
bottom	['bɔtəm]	el trasero
calf (calves)	[kɑ:f] [kɑ:vz]	la pantorrilla
cheek	[ʧi:k]	la mejilla
chest	[ʧest]	el pecho
chin	[ʧɪn]	la barbilla
elbow	['elbəu]	el codo
eye(s)	[aɪ]	el ojo (s)
eyebrow	['aɪbrau]	la ceja
eyelash	['aɪlæʃ]	la pestaña
eyelid	['aɪlɪd]	el párpado
face	[feɪs]	la cara
finger	['fɪŋgə]	el dedo
fingernail	['fɪŋgəneɪl]	la uña
foot (feet)	[fut] [fi:t]	el pie (pies)
forehead	['fɔ:hed]	la frente
glasses	['glɑ:sɪz]	la gafa
hair	[heə]	el cabello
hairy	['heərɪ]	peludo
hand	[hænd]	la mano
head	[hed]	la cabeza
heel	[hi:l]	el tacón
index finger	['ɪndeks 'fɪŋgə]	el dedo índice
knee	[ni:]	la rodilla
leg	[leg]	la pierna
lip(s)	[lɪp]	el labio(s)
little finger	['lɪtl 'fɪŋgə]	el dedo meñique
man	[mæn]	el hombre
middle finger	['mɪdl 'fɪŋgə]	el dedo corazón

moustache	[mə'stɑ:ʃ]	el bigote
mouth	[mauθ]	la boca
neck	[nek]	el cuello
nose	[nəuz]	la nariz
palm	[pɑ:m]	la palma
pupil	['pju:p(ə)l]	la pupila
ring finger	[rɪŋ 'fɪŋgə]	el dedo anular
shin	[ʃɪn]	la espinilla
shoulder	['ʃəuldə]	el hombro
stomach	['stʌmək]	el estómago
sunglasses	['sʌnˌglɑ:sɪz]	la gafa de sol
thigh	[θaɪ]	el muslo
thumb	[θʌm]	el pulgar
toe	[təu]	el dedo del pie
toenail	['təuneɪl]	uña del dedo del pie
tongue	[tʌŋ]	la lengua
tooth (teeth)	[tu:θ] [ti:θ]	el diente (los dientes)
waist	[weɪst]	la cintura
woman	['wumən]	la mujer

Nature		**Naturaleza**
beach	[bi:ʧ]	la playa
canyon	[ˈkænjən]	el barranco
coast	[kəust]	la costa
desert	['dezət]	el desierto
field	[fi:ld]	el campo
forest	['fɔrɪst]	el bosque
glacier	['glæsɪə]	el glaciar
hill	[hɪl]	la colina
hollow	['hɔləu]	la cueva
island	[ˈaɪlənd]	la isla

jungle	['ʤʌŋgl]	la selva
lake	[leɪk]	el lago
mountain	['mauntɪn]	la montaña
nature	['neɪʧə]	la naturaleza
ocean	['əuʃ(ə)n]	el océano
plain	[pleɪn]	la llanura
pond	[pɔnd]	el estanque
river	['rɪvə]	el río
rock	[rɔk]	la roca
sea	[si:]	el mar

Pet — Mascota

cat	[kæt]	el gato
dog	[dɒg]	el perro
guinea pig	[ˈgɪnɪˌpɪg]	la cobaya
hamster	[ˈhæmstə]	el hámster
horse	[hɔ:s]	el caballo
kitten	[kɪtn]	el gatito
pet	[pɛt]	la mascota
pig	[pɪg]	el cerdo
piglet	[ˈpɪglɪŋ]	el cerdito
puppy	[ˈpʌpɪ]	el cachorro
rabbit	[ˈræbɪt]	el conejo

Animals — Animales

animal	[ˈænɪm(ə)l]	el animal
bat	[bæt]	el murciélago
bear	[beə]	el oso
beaver	[ˈbi:və]	el castor
bison	[ˈbaɪs(ə)n]	el bisonte
camel	[ˈkæm(ə)l]	el camello
chimpanzee	[ˌtʃɪmpænˈzi:]	el chimpancé

deer	[dɪə]	el ciervo
donkey	[ˈdɒŋkɪ]	el burro
elephant	[ˈelɪfənt]	el elefante
fox	[fɒks]	el zorro
giraffe	[dʒɪˈrɑːf]	la jirafa
gorilla	[gəˈrɪlə]	el gorila
hippopotamus	[ˌhɪpəˈpɒtəməs]	el hipopótamo
horse	[hɔːs]	el caballo
hyena	[haɪˈiːnə]	la hiena
kangaroo	[ˌkæŋg(ə)ˈruː]	el canguro
koala	[kəuˈɑːlə]	el coala
leopard	[ˈlɛpəd]	el leopardo
lion	[ˈlaɪən]	el león
llama	[ˈlɑːmə]	la llama
monkey	[ˈmʌŋkɪ]	el mono
moose	[muːs]	el alce / el ante
mouse	[maus]	el ratón
panda	[ˈpændə]	el panda
pig	[pɪg]	el cerdo
rabbit	[ˈræbɪt]	el conejo
rat	[ræt]	la rata
rhinoceros	[raɪˈnɒs(ə)rəs]	el rinoceronte
skunk	[skʌŋk]	el zorrillo
squirrel	[ˈskwɪrəl]	la ardilla
tiger	[ˈtaɪgə]	el tigre
wolf	[wʊlf]	el lobo
zebra	[ˈzebrə]	la cebra

Birds		**Aves**
bird	[bɜːd]	el pájaro
canary	[kæˈnɛ(ə)rɪ]	el canario

159

chicken	['tʃɪkɪn]	el pollo
crane	[kreɪn]	la grulla
crow	[krəʊ]	el cuervo
cuckoo	['kʊkuː]	el cuco
duck	[dʌk]	el pato
eagle	['iːg(ə)l]	el águila
flamingo	[fləˈmɪŋgəu]	el flamenco
goose	[guːs]	el ganso
hawk	[hɔːk]	el halcón
hummingbird	['hʌmɪŋbɜːd]	el colibrí
ostrich	['ɒstrɪtʃ]	el avestruz
owl	[aʊl]	el búho
parrot	['pærət]	el loro
peacock	['piːkɒk]	el pavo real
pelican	['pɛlɪkən]	el pelícano
penguin	['pɛŋgwɪn]	el pingüino
pheasant	['fɛz(ə)nt]	el faisán
pigeon	['pɪdʒɪn]	la paloma
seagull	['siːgʌl]	la gaviota
sparrow	['spærəʊ]	el gorrión
stork	[stɔːk]	la cigüeña
swallow	['swɒləʊ]	la golondrina
swan	[swɒn]	el cisne
woodpecker	['wʊdˌpɛkə]	el pájaro carpintero

Flowers / Flores

bouquet	[buːˈkeɪ-]	el ramo
camellia	[kəˈmiːlɪə]	la camelia
carnation	[kɑːˈneɪʃ(ə)n]	el clavel
crocus	['krəʊkəs]	el azafrán
daffodil	['dæfədɪl]	el narciso

dahlia	[ˈdeɪljə]	la dalia
daisy	[ˈdeɪzɪ]	la margarita
dandelion	[ˈdændɪlaɪən]	el diente de león
flower	[ˈflaʊə]	la flor
gladiolus	[ˈglædɪˈəʊləsɪz]	el gladíolo
iris	[ˈaɪ(ə)rɪs]	el iris / el lirio
lavender	[ˈlævɪndə]	la lavanda
lily	[ˈlɪlɪ]	el lirio
lotus	[ˈləʊtəs]	el loto
narcissus	[nɑːˈsɪsəsɪz]	el narciso
orchid	[ˈɔːkɪd]	la orquídea
peony	[ˈpiːənɪ]	la peonía
poppy	[ˈpɒpɪ]	la amapola
rose	[rəʊz]	la rosa
snowdrop	[ˈsnəʊdrɒp]	narciso de las nieves / campanilla de las nieves
sunflower	[ˈsʌnˌflaʊə]	el girasol
tulip	[ˈtjuːlɪp]	el tulipán
violet	[ˈvaɪəlɪt]	la violeta
Trees		**Árboles**
bark	[bɑːk]	la corteza
beech	[biːtʃ]	el haya
birch	[bɜːtʃ]	el abedul
branch	[brɑːntʃ]	la rama
chestnut	[ˈtʃɛsnʌt]	el castaño
cone	[kəʊn]	el cono
fir	[fɜː]	el abeto
forest	[ˈfɔrɪst]	el bosque
leaf	[liːf]	la hoja
linden	[ˈlɪndən]	el tilo

maple	[ˈmeɪp(ə)l]	el arce
oak	[əʊk]	el roble
palm	[pɑːm]	la palmera
pine	[paɪn]	el pino
poplar	[ˈpɒplə]	el álamo / el chopo
root	[ruːt]	la raíz
tree	[triː]	el árbol
trunk	[trʌŋk]	El tronco
willow	[ˈwɪləʊ]	el sauce

Sea / Mar

alligator	[ˈælɪgeɪtə]	el aligátor
cachalot	[ˈkæʃəlɔt]	el cachalote
coral	[ˈkɔrəl]	el coral
crab	[kræb]	el cangrejo / la langosta
crayfish	[ˈkreɪfɪʃ]	el cangrejo de río / la langosta
crocodile	[ˈkrɔkədaɪl]	el cocodrilo
dolphin	[ˈdɔlfɪn]	el delfín
fish	[fɪʃ]	el pescado
frog	[frɔg]	la rana
jellyfish	[ˈdʒelɪfɪʃ]	la medusa
lobster	[ˈlɔbstə]	la langosta
mollusc	[ˈmɔləsk]	el molusco
ocean	[ˈəʊʃ(ə)n]	el océano
octopus	[ˈɔktəpəs]	el pulpo
otter	[ˈɒtə]	la nutria
sea	[siː]	el mar
sea snake	[ˈsiːˌsneɪk]	la serpiente de mar
seal	[siːl]	la foca
shark	[ʃɑːk]	el tiburon
shellfish	[ˈʃelfɪʃ]	el marisco

shrimp	[ʃrɪmp]	el camarón
snail	[sneɪl]	el caracol
starfish	[ˈstɑːˌfɪʃ]	la estrella de mar
swordfish	[ˈsɔːdˌfɪʃ]	el pez espada
tortoise	[ˈtɔːtəs]	la tortuga
turtle	[ˈtɜːtl]	la tortuga
walrus	[ˈwɔːlrəs]	la morsa
whale	[(h)weɪl]	la ballena

Colors / Colores

yellow	[ˈjeləʊ]	amarillo
green	[griːn]	verde
blue	[bluː]	azul
brown	[braʊn]	marrón
white	[waɪt]	blanco
red	[red]	rojo
orange	[ˈɒrɪndʒ]	naranja
pink	[pɪŋk]	rosa
gray	[greɪ]	gris
black	[blæk]	negro

Size / Tamaño

size	[saɪz]	tamaño
small	[smɔːl]	pequeño
big	[bɪg]	grande
medium	[ˈmiːdɪəm]	medio
little	[lɪtl]	pequeño
large	[lɑːdʒ]	grande
huge	[hjuːdʒ]	enorme
long	[lɒŋ]	largo
short	[ʃɔːt]	corto
wide	[waɪd]	amplio

narrow	['nærəʊ]	estrecho
high	[haɪ]	alto
tall	[tɔ:l]	alto
low	[ləʊ]	bajo
deep	[di:p]	profundo
shallow	['ʃæləʊ]	superficial
thick	[θɪk]	grueso
thin	[θɪn]	delgado
far	[fɑ:]	lejos
near	[nɪə]	cerca

Materials / Materiales

brick	[brɪk]	el ladrillo
cardboard	['kɑ:dbɔ:d]	la cartulina
clay	[kleɪ]	la arcilla
cloth	[klɒθ]	el paño
concrete	['kɒŋkri:t]	el hormigón
glass	[glɑ:s]	el vidrio
leather	['lɛðə]	el cuero
material	[mə'tɪ(ə)rɪəl]	el material
metal	[mɛtl]	el metal
paper	['peɪpə]	el papel
plastic	['plæstɪk]	el plástico
rubber	['rʌbə]	el caucho
stone	[stəʊn]	la piedra
wood	[wʊd]	la madera
fabric	[fə'brik]	la tela

Airport / El Aeropuerto

(air)plane	[('ɛə)pleɪn]	el avión
airport	['ɛəpɔ:t]	el aeropuerto
aisle	[aɪl]	el pasillo

164

armrest	[ˈɑːmrɛst]	el reposabrazos
backpack	[ˈbækpæk]	la mochila
baggage	[ˈbægɪdʒ]	el equipaje
boarding	[ˈbɔːdɪŋ]	el embarque
cabin	[ˈkæbɪn]	la cabina
carry-on	[ˈkærɪɒn]	seguir
cockpit	[ˈkɒkpɪt]	la cabina
customs	[ˈkʌstəmz]	la aduana
delay	[dɪˈleɪ]	el retraso
destination	[ˌdɛstɪˈneɪʃ(ə)n]	el destino
emergency	[ɪˈmɜːdʒ(ə)n(t)sɪ]	la emergencia
flight	[flaɪt]	el vuelo
fuselage	[ˈfjuːz(ə)lɑːʒ]	el fuselaje
gate	[geɪt]	la puerta de embarque
landing	[ˈlændɪŋ]	el aterrizaje
lavatory	[ˈlævət(ə)rɪ]	el lavabo
life vest	[ˈlaɪfvɛst]	el chaleco salvavidas
liquid	[ˈlɪkwɪd]	el líquido
passenger	[ˈpæs(ə)ndʒə]	el pasajero
passport	[ˈpɑːspɔːt]	el pasaporte
runway	[ˈrʌnweɪ]	la pista
schedule	[ˈʃɛdjuːl]	el horario
seat	[siːt]	el asiento
security, guard	[sɪˈkjʊərɪtɪ, gɑːd]	guardia de seguridad
suitcase	[ˈs(j)uːtkeɪs]	la maleta
tail	[teɪl]	la cola
takeoff	[ˈteɪkɒf]	el despegue
terminal	[ˈtɜːmɪn(ə)l]	la terminal
ticket	[ˈtɪkɪt]	el billete
trolley	[ˈtrɒlɪ]	la carretilla

undercarriage	[ˈʌndəˌkærɪdʒ]	el tren de aterrizaje
visa	[ˈviːzə]	el visado
window	[ˈwɪndəʊ]	la ventana
wing	[wɪŋ]	el ala

Geography / Geografía

area	[ˈeəriə]	la zona
capital	[ˈkæpitəl]	la capital
city	[ˈsiti]	la ciudad
country	[ˈkəntri]	el país
district	[ˈdistrikt]	el distrito
region	[ˈridʒən]	la región
state	[steit]	el estado
town	[toun]	el pueblo
village	[ˈvilidʒ]	la aldea
cape	[keip]	el cabo
cliff	[klif]	el acantilado
glacier	[ˈglæsiə]	el glaciar
hill	[hil]	la colina
mountain	[ˈmauntin]	la montaña
mountain chain -		la cordillera de montaña / cadena de montaña -
pass	[pas]	el puerto
peak	[pik]	el pico
plain	[plein]	el valle / la llanura
plateau	[ˈplætəu]	la meseta
summit	[ˈsəmit]	la cumbre
valley	[ˈvæli]	el valle
volcano	[vɔlˈkeinəu]	el volcán
desert	[ˈdezət]	el desierto
equator	[iˈkweitə]	el ecuador

forest	[ˈfərɪst]	el bosque
highlands	[ˈhailənd]	las tierras altas
jungle	[ˈjəŋgəl]	la selva
lowlands	[ləuland]	las tierras bajas
oasis	[əuˈeisis]	el oasis
swamp	[ˈswɔmp]	el pantano
tropics	[ˈtrəpik]	la zona tropical
tundra	[ˈtʌndrə]	la tundra
canal	[kəˈnæl]	el canal
lake	[leik]	el lago
ocean	[ˈəuʃn]	el océano
ocean current		la corriente oceánica
pool / pond		la piscina / estanque
river	[ˈrivər]	el río
sea	[si]	el mar
spring	[spriŋ]	la primavera
stream	[strim]	la corriente

Crimes / Crímenes

arson	[ˈɑːsn]	el incendio provocado
assault	[əˈsɔːlt]	el asalto
bigamy	[ˈbɪgəmi]	la bigamia
blackmail	[ˈblækmeɪl]	el chantaje
bribery	[ˈbraɪbəri]	el soborno
burglary	[ˈbɜːgləri]	el robo
child abuse	[tʃaɪld əˈbjuːs]	el abuso infantil
conspiracy	[kənˈspɪrəsi]	la conspiración
espionage	[ˈespɪənɑːʒ]	el espionaje
forgery	[ˈfɔːdʒəri]	la falsificación
fraud	[frɔːd]	el fraude
genocide	[ˈdʒenəsaɪd]	el genocidio

hijacking	[ˈhaɪdʒækɪŋ]	el secuestro
homicide	[ˈhɒmɪsaɪd]	el homicidio
kidnapping	[ˈkɪdnæpɪŋ]	el secuestro
manslaughter	[ˈmænslɔːtə]	el homicidio imprudente
mugging	[ˈmʌgɪŋ]	el asalto
murder	[ˈmɜːdə]	el asesinato
perjury	[ˈpɜːdʒəri]	el perjurio
rape	[reɪp]	la violación
riot	[ˈraɪət]	el disturbio
robbery	[ˈrɒbəri]	el robo
shoplifting	[ˈʃɒplɪftɪŋ]	el hurto
slander	[ˈslɑːndə]	la calumnia / difamación
smuggling	[ˈsmʌglɪŋ]	el contrabando
treason	[ˈtriːzn]	la traición
trespassing	[ˈtrespəsɪŋ]	transgredir

Numbers / Números

one	[wʌn]	uno
two	[tuː]	dos
three	[θriː]	tres
four	[fɔː]	cuatro
five	[faɪv]	cinco
six	[sɪks]	seis
seven	[ˈsev(ə)n]	siete
eight	[eɪt]	ocho
nine	[naɪn]	nueve
ten	[ten]	diez
eleven	[ɪˈlev(ə)n]	once
twelve	[twelv]	doce
thirteen	[θɜːˈtiːn]	trece
fourteen	[ˌfɔːˈtiːn]	catorce

fifteen	[ˌfɪfˈtiːn]	quince
sixteen	[ˌsɪkˈstiːn]	dieciséis
seventeen	[ˌsev(ə)nˈtiːn]	diecisiete
eighteen	[ˌeɪˈtiːn]	dieciocho
nineteen	[ˌnaɪnˈtiːn]	diecinueve
twenty	[ˈtwentɪ]	veinte
twenty-one	[ˌtwenɪˈwʌn]	veintiuno
twenty-two	[ˌtwenɪˈtu]	veintidós
thirty	[ˈθɜːtɪ]	treinta
forty	[ˈfɔːtɪ]	cuarenta
fifty	[ˈfɪftɪ]	cincuenta
sixty	[ˈsɪkstɪ]	sesenta
seventy	[ˈsev(ə)ntɪ]	setenta
eighty	[ˈeɪtɪ]	ochenta
ninety	[ˈnaɪntɪ]	noventa
one hundred	[wʌn ˈhʌndrəd]	cien
one hundred and one …		ciento uno …
two hundred		doscientos
one thousand	[wʌn ˈθauz(ə)nd]	mil
one million	[wʌn ˈmɪljən]	un millón

Ordinal numbers		Números ordinales
first	[fɜːst]	primero
second	[ˈsɛkənd]	segundo
third	[θɜːd]	tercero
fourth	[fɔːθ]	cuarto
fifth	[fɪfθ]	quinto
sixth	[sɪksθ]	sexto
seventh	[ˈsɛv(ə)nθ]	séptimo
eighth	[eɪtθ]	octavo
ninth	[naɪnθ]	noveno

tenth	[tɛnθ]	décimo
eleventh	[ɪ'lɛv(ə)nθ]	undécimo
twelfth	[twɛlfθ]	duodécimo
thirteenth	[ˌθɜːˈtiːnθ]	decimotercero
fourteenth	[ˌfɔːˈtiːnθ]	decimocuarto
fifteenth	[fɪfˈtiːnθ]	decimoquinto
sixteenth	[ˌsɪkˈstiːnθ]	decimosexto
seventeenth	[ˌsɛv(ə)nˈtiːnθ]	decimoséptimo
eighteenth	[eɪˈtiːnθ]	decimoctavo
nineteenth	[ˌnaɪnˈtiːnθ]	decimonoveno
twentieth	[ˈtwɛntɪɪθ]	vigésimo
twenty-first	[ˈtwɛntɪ fɜːst]	vigésimo primer
twenty-second	[ˈtwɛntɪ ˈsɛkənd]	vigésimo segundo
twenty-third	[ˈtwɛntɪ θɜːd]	vigésimo tercero
twenty-fourth	[ˈtwɛntɪ fɔːθ]	veinticuatro / vigésimo cuarto
twenty-fifth	[ˈtwɛntɪ fɪfθ]	vigésimo quinto
twenty-sixth	[ˈtwɛntɪ sɪksθ]	veintiséis / vigésimo sexto
twenty-seventh	[ˈtwɛntɪ ˈsɛv(ə)nθ]	vigésimo séptimo
twenty-eighth	[ˈtwɛntɪ eɪtθ]	veintiocho / vigésimo octavo
twenty-ninth	[ˈtwɛntɪ naɪnθ]	vigésimo noveno
thirtieth	[ˈθɜːtɪɪθ]	trigésimo
fortieth	[ˈfɔːtɪəθ]	cuadragésimo
fiftieth	[ˈfɪftɪɪθ]	quincuagésimo
sixtieth	[ˈsɪkstɪɪθ]	sexagésimo
seventieth	[ˈsɛv(ə)ntɪθ]	septuagésimo
eightieth	[ˈeɪtɪəθ]	octogésimo
ninetieth	[ˈnaɪntɪəθ]	nonagésimo
hundredth	[ˈhʌndrədθ]	centésimo
thousandth	[ˈθaʊz(ə)ndθ]	milésimo
millionth	[ˈmɪljənθ]	millonésimo

Made in the USA
San Bernardino, CA
01 April 2019